歴史文化ライブラリー
116

# 女性史と出会う

総合女性史研究会［編］

吉川弘文館

# 目次

# 個人史としての面白さと女性史への思い

　総合女性史研究会は一九八〇年四月に第一回の例会を開催して以来、活発な研究活動を継続しており、二〇〇〇年三月をもって満二〇周年を迎えました。このたび総合女性史研究会では、この二〇周年を記念する事業の一つとして、女性史研究者の聞き書きを一冊の本にまとめて出版することとしました（もう一つの記念事業として、『史料にみる日本女性のあゆみ』二〇〇〇年、吉川弘文館の出版があります）。

　話し手としては、戦時中に生まれ、戦時下の教育を受けて育ち、国際婦人年（一九七五年）以前の、女性差別が今よりも厳しく、女性史が歴史学として市民権を得られなかった時期から、女性史研究をはじめた人たちを対象とし、それも総合女性史研究会の周辺から選ぶことにしました。この対象に当たっていながら、いろいろな事情でお願いできなかった人もあります。すでに聞き書きを残している人はこのたびは除外しました。こうしてこの本の七名が選ばれたのです。

「女性史と出会う」の題名のとおり、この本ではなぜ女性史を選んだのか、女性史とかかわってどんな仕事をしたかということが、聞き取られています。しかし、それだけでなく、聞き手たちは、戦中戦後を生きたひとりの女性としてどのように生きてきたかを尋ねました。したがってここには、それぞれの生い立ちから家庭環境、戦時中にどんな体験をしたか、戦後まもなくの職業生活や、女子学生がまだ物珍しがられたころの大学生活、最初のうち女性史に拒否反応を示していたものの、職業と家事とりわけ育児との両立のむずかしさから身をもって女性の生きにくさに気づき女性史を勉強しようと志した話、働きつづけて四〇代の後半に大学院に進学した人のこと、地域の母親たちの運動から、保育所運動、教科書訴訟問題、地域の歴史をつくる運動など、さまざまの運動とかかわって生きてきた人生が語られています。

敗戦という大きな時代の移り変わりをへているだけに、社会の変化に直面して衝撃を受け、家の貧乏とたたかったり、あるときは希望に燃え、あるときは自分の力不足に悩み、また、就職できなくて苦しんだりしています。さまざまな出会いに恵まれた人、運が良かったと思える人もいます。波瀾万丈の人生を送ってきた人もいれば、比較的平穏な人生を送ってきた人もいます。そのなかで、伊藤康子さんが、私は「後ろに引かなかっただけ」といっているように、この本の語り手たちは、いろいろな人生の節目に後ろ向きにならずに前にすすむことを選んだ人たち、いわば周囲に押し流されずに自分の人生を創ってきた人たちだといえるでしょう。

この本には個人史としての面白さがたくさん詰まっています。読者は戦後に青春期を過ごしたユニークでたくましい女性たちの生き方や、人びとの考え方、世相の移り変わりなどに興味を持たれるのではないでしょうか。世代を越えて大勢の方たちがこの本を読んで、さまざまな感想を持ってくださることを希望します。

またこの本は、女性たちの個人史であるだけでなく、戦後の女性史研究の歴史の証言という面も持っています。今以上に女性解放の課題と女性史の必要が、自身の人生の実感と重ね合わせて感じられた時代でした。彼女たちの女性史の原点がそこにみられます。しかし、当時は国公立の大学の門が女性に開かれたばかりで、大学には女性史・女性学の講座はなく、卒業論文に女性史を選んでも指導してくれる教官がいなくて、「不利だからやめた方がいい」と忠告されるありさまでした。全国的な女性史の研究会・研究誌はなく、地域の女性史研究会もまだ活発とはいえませんでした。そのなかでどうやって女性史の研究会をつくり、大学に女性史の講座をつくって学生たちと女性史を学び、また、地域の人たちと力を合わせて女性史を創ってきたかの歴史が、熱い思いで語られています。

今も日本の女性たちは多くの問題をかかえて、その解決に苦慮しつつ暮らしています。それらの問題は社会の仕組みや慣習と深くからみながら、先人たちの努力によって少しずつ改善されてきた歴史を持っています。

この本から、女性史についてのメッセージを感じ取って、女性史に関心を寄せる人、女性史を創る仕事をしようと思う人が、男女をとわず増えることになれば、これほどうれしいことはありません。

二〇〇一年三月

総合女性史研究会

# 戦後の息吹のなかで女性史を

永原和子

## 育った家庭、育った時代

### **生い立ち**

私が生まれたのは一九二六年一二月、生まれて一ヵ月たらずで大正が昭和に改まりました。もちろん自分ではそんなことを知るわけもないのですが、今考えると一つの歴史の節目のようなときに生まれ、戦前・戦後の二つの昭和を生きてきたという思いがあり、その生まれ育った時代への思い入れは深いものがあります。先年、米田佐代子さんとの共著『おんなの昭和史』（一九八六年、有斐閣選書）を書いたときもそうした思いが強く、自分の姿をそこに投影させています。

生まれたのは東京の四谷区（現、新宿区）で、杉並区・中野区で育ちました。四人きょうだいの長女、父はサラリーマンでした。父は立身出世主義ではなく家庭や子どもの教育を大切にする人で、日曜日になると当時のことばでいう〝郊外散歩〟や都内の旧蹟などによく連れて行ってくれました。

子どもの教育に熱心で、男の子も女の子も区別せず、習いごとなどもいろいろさせてくれました。いわゆる「近代家族」の典型のような家庭ですがそれでも終始祖父母の家の近くに住んでいました。祖父は士族出身の内務省の官吏、明治末年には朝鮮統監府、総督府に務めていたということで謹厳そのもので子どもにはちょっと近づきにくいような存在でした。父は三男でしたが祖父や妹たちをよく支え、妹たちが結婚先で何やかや面倒なことがあったときなどよく相談相手になっていました。それだけに古い家の重みを感じていたようで、自分の家庭では古いしきたりとかを私たちに押しつけるようなことはありませんでした。叔母たちのこともあって私たち娘には教育をしっかりして、結婚などさせたくないと内心思っていたようです。

## 戦前昭和の小学校

小学校入学は一九三三（昭和八）年、いわゆる「サクラ読本」がはじめて使われた年です。挿絵がカラーで美しくうれしかったのを覚えています。でも国語のほかは表紙もチャコールグレーの陰気なものでした。担任の男の先生はクリスチャンで音楽が専門、当時から音感教育などに熱心な方で「愛国心教育」をたたきこまれたという記憶はありません。むしろそうしたものは学校行事などを通して自然に心のなかにしみ込んでいったように思います。

小学校四年生のとき二・二六事件がおこり、授業中止で帰宅させられたのが私にとって歴史的な事件の最初の記憶です。翌三七年日中戦争がはじまり、そのころからの出来事は鮮明に覚えています。戦争がどんどん拡大してゆくニュースに子どもながらとても不安で毎日寝床に入ると「一日も早く戦争が終わりますように」と祈ったものです。でもこのころはまだ子どもの生活は平穏なものでした。

## 戦時下の二つの教育

一九三九年、府立（のちに都立）の女学校に入学。当時の公立女学校はみなそうだったと思いますが、とりわけ良妻賢母主義の代表のような学校でした。講堂には東郷平八郎書の「貞淑温順」の額が掲げられていて、毎週月曜日の朝にはその前で明治天皇・昭憲皇太后の「御製・御歌」を唱いました。行儀作法がとりわけ厳しく文字通り一挙手一投足まで注意されました。

ところが三年生のとき、太平洋戦争がはじまるや、それまでの行儀作法はどこへやら、ほかの学校にさきがけて防空演習や強歩訓練などがさかんになり、お作法の先生に代って体操の先生が生徒を叱咤《しった》するようになりました。こうした学校の豹変ぶりに「良妻賢母って何なのだろう」という疑問を持ちつづけました。それが豹変ではなく良妻賢母教育そのものだったことを知ったのはのちのことです。

卒業間近には学徒動員もはじまり、担任の男性の先生は進学希望者をひとりひとり呼んで「挺身隊逃れではないか」ときめつけたので優等生は進学をあきらめてしまいました。考えてみると戦時下の教育は生徒の学習意欲や可能性まで閉ざしてしまうものだったのです。

そうしたなかにもすばらしい先生がおられ、それが私の進路をきめる契機となりました。九州大学を出られた女性の西洋史の先生で（当時東北大学と九州大学だけが女性の入学を認めていました）、この先生はそれまで私たちが学んだ、教科書の暗記、年代記の歴史ではなく、自分の言葉で自分の関心ある問題をじつに情熱的に語られて、とても楽しい授業でした。歴史とはじつにダイナミックなものだと知り、歴史を勉強しようときめました。

一九四四年、戦時非常措置で女子専門学校の編成替と繰上げ入学・卒業がきまり、東京女子大学に歴史科が設けられ、私はこの新しい学科に入学しました。当時の東京女子大学は、安井哲先生はすでに退任されていましたが、真実を求めまた個人の自主性を重んじるという安井先生の精神は学内にいきいきと伝わっていました。これまで公立女学校の個性を認めない教育を受けてきた私にとっては、自分が一人の人間として大切にされているということを実感できる環境でした。戦争末期でしたが君が代・日の丸もなく、かわりに礼拝やクリスマスも行われ、私たちはのびのびとした気持ちで楽しい学生生活を送ることができました。

戦時の政策で生まれた学科なのでいわゆる「皇国史観」的教育だったのではないかとのちに後輩から質問されたことがありますが、そういうことはまったくなく、とくに家永三郎先生の日本仏教史・風俗史、大類伸《おおるいのぶる》先生のルネッサンス史、亀井高孝先生の西洋史など文化史的な授業に胸をときめかせました。

しかしなんといっても戦争末期のことですから大きな制約があったことも否定できません。先生方は最大限、良心的な授業をしてくださいましたが戦争を批判的に見ることはまったく教えられなかった、まったくふれられなかったのです。そのころクラスのなかに数人いた中国人留学生が東洋史の授業のあとに、きまって先生に質問をしていました。質問というよりは抗議といった口調でしたが、私たちはこの人たちが何を問題にしていたのか考えようともしませんでした。

戦後、家永先生が教科書裁判を提起されたとき、私たち歴史科の教え子たちは、まだ支援組織もできないうちに、いち早く激励の行動をおこしました。それは戦時中の困難ななかで良心的な教育をしてくださったことへの感謝とその時代の苦い思いからで、先生もそれに共感して大変喜ばれ、私たちの手紙を記録のなかにとどめてくださいました。

四五年になると学徒動員が実施され、学内の中島航空機の工場、というよりは教室が工場に変わってしまったところで油まみれの作業をしました。ここに伊勢丹デパートの店員の人たちが挺身隊として来ていて、いわゆる職業婦人の人と一緒に働くという経験をしました。二〇歳代、三〇歳代の人びとでしたが、その明るさとたくましさにふれ教えられることが多かったのを覚えています。

このころ、工場の終わったあとで有志が集まって国文学の先生に源氏物語の講義をしていただいたりしました。いつ空襲があるかも分からないなかで空腹をかかえながらなぜ源氏物語だったのか、今考えてもずいぶんおかしいことのようにも思えるのですが、そんなときの方がかえって真剣に学ぶのか、またそれをさせる古典の力があったのか説明もできません。

## 戦後社会への目ざめ

**新時代の息吹のなかで**

東京に住みながら家も焼けず家族も無事で敗戦を迎えました。戦争で大きく生活が変わることのなかった数少ない例かもしれません。それでも敗戦は私の人生の大きな転機だったと思います。学校が再開されて私たちは戦争中の乾きをとり戻すように夢中で読書をしたり、何だかよく分からないままに周囲から押されるようにして学友会活動に加わったりしました。

『世界』とか『展望』などの総合雑誌がつぎつぎに創刊されて、戦争中沈黙をしていた評論家や文学者（その多くはこれまで私たちが知らなかった人たち）が堰《せき》を切ったように発言、文字通り軍国主義のなかでだけ育った私たちにはまったく新しい世界がひらける思いでした。私たちはそういうものを背のびしながら読み、友だち同士で議論し合ったりしました。私たちの一番の関心事はこれまで疑ったこともなかった天皇制の問題でした。

女性解放や男女同権もさかんに叫ばれていましたけど、それは学生である私たちにとってあまり切実な問題には思えませんでした。何かもっと抽象的なものの考え方というようなことに夢中だったように思います。女性の問題——当時は婦人問題——に目をひらく一つのきっかけとなったのは四六年のまだ寒いころ、第一回総選挙、婦人参政権のはじめての実施を前に学校で各政党の講演会が開かれたことです（このとき私自身はまだ選挙権はありませんでした）。講師は片山哲、星島二郎など、あとで考えると戦前の婦選運動にかかわりのあった人です。共産党からは宮本百合子さんでした。百合子さんが和服姿に駒下駄をはき、講堂の床（女子大のそれはピカピカだった）をカタカタならせながら登壇した光景を今もはっきり思い出します。そして空想的社会主義から科学的社会主義への道すじ、婦人解放の歴史を熱っぽく語られました。ロバート・オーエンという名をそのときはじめて知りました。講演のあと百合子さんを囲んで暗くなるまで話を聞き、その内容は忘れましたけど、何か胸のあつくなる思いを抱いたことを覚えています。

## 就職

一九四七（昭和二二）年、女子大卒業、このとき、ちょうど六・三・三制男女共学が実施され、大学への女性の進学が実現しました。が、私や友人たちは「早く実社会に出たい」という気持ちが強くて進学のことは考えませんでした。もちろん戦後の生活のきびしいときで家でもさらに学業をつづけさせる余裕もなかったし、また当時はアルバイトをしながら学校に行くということもできませんでしたが、それ以上に激動する時代の空気が自分たちも何かしたいという焦りのようなものを持たせたのだと思います。

といってもそのころ女子大生の就職先などあるはずもなく、今日のように学校が面倒をみるということもなかったので友人たちもそれぞれのコネで仕事を探しました。私はようやくその年の一〇月に農林省農業総合研究所というところに就職しました。当時は農地改革が進行中で、農業・農村問題は重要な課題で、これにとり組むために新たに設けられた研究所でした。農業政策や農業経済などに直接必要な調査・研究だけではなく、日本農村の封建性をどう克服するかとか、日本と諸外国との比較ということで、歴史研究の研究者も集められていました。その一人のフランス経済史の高橋幸八郎先生の助手ということでしたので、私は農村問題にはまったく無知でしたが歴史の勉強ができるだろうぐらいの気持ちで就職したのでした。

しかし研究所としては女性の助手たちは資料整理や原稿清書にお茶汲みをする「女の子」としか見ていませんでした。ただ所長の東畑精一先生（東京大学農学部教授）や高橋先生は、女性も勉強したいのならということで、そのなかの数人が所内での研究会に出席することを認められたり、私は高橋先生の東京大学での講義のときは仕事をサボって聴講に行ったりしました。当然これを苦々しく思う所員もいて私たちへの風当たりはきびしいものがありました。

## 農村を知る

そのうちに私と同僚三人ぐらいが長野県などの農村調査に同行する機会を与えられました。新潟県境の膝まで埋まるような雪のなかの村を訪れたときの感動は忘れられません。このときは農地改革に関する調査で女性の問題にはとり組めませんでしたが、農家に泊り農村の生活というものにはじめてふれることができました。

東畑所長は非常にリベラルな学者で、外地から引き揚げた研究者や大学新卒の若手の研究者を多く抱え込み、研究所は官庁の研究所らしくないアカデミックな雰囲気のところで、私はこのなかで戦後の日本の農村というものの実態を学びました。その後、まず基本的・具体的なことから学ぶようにとの先生の指導で、私と同僚の井出ふさえさん（故人）でつくったのが『農村婦人問題文献目録』（一九五二年、農林省農業総合研究所）です。

ほぼ同じころに農村の生活を知るもう一つの機会がありました。それは結婚して夫の両親の住む富士山麓の村を訪れたことです。両親は東京の家を空襲で失い郷里に疎開してそのまま戦後も残って父は村長をしていました。父の家はその地で代々村長などをした家で建物も昔のままでした。暗い土間の奥の台所はしゃがんで湧き水を汲み、おへっついに薪をくべてご飯を炊く生活でした。蚕室を改造した二階の座敷や厨子《ずし》など、都会のサラリーマン家庭しか知らない私には珍しいことばかりでした。同じように都会育ちの母がこうした暮らしや農作業をがんばってしていましたが、私がなにより驚いたのは八〇歳を過ぎた祖母が畑仕事をしたり大きな薪の束をかついでいることや、庭の一隅の小屋のような「隠居」に住んでいたことでした。祖父もかつて村長をしていたという家でどうしてそんな生活をし、また父母たちもそれを許しているのか理解できませんでした。九人の子どもを育てた祖母はとくべつの働き者だったとのこと、また、しゃもじ渡しをしたら隠居に住むという慣習も、のちに民俗学などから学んでようやく理解したことでした。明治以来の農村の女性の暮らしに触れた最初です。

それから二、三年後、母が近隣の農家の若いお嫁さんを集めてくれてその話をきく機会を持ちました。そのとき記入してもらった生活時間の調査表を見ると、当時の農家の女性の労働が戦前とまったく変わらない重労働だったことや女性が男性のやる仕事を同じように担っていたことがよくわかります。その一部をのちにこの地域の自治体史に収録しました（『小山町史』一九九八年）が今日の農村と比較してその変貌ぶりに驚くばかりです。このようなことで私はそのあと女性史を考えるときいつも農村の暮らしを頭において考えるようになりました。

**民科婦人問題部会・女性史研究会のこと**

一九四八年ごろから民科（民主主義科学者協会）の婦人問題部会に参加しました。さきにもいいましたが、戦後の新しい歴史学への関心から当時歴研（歴史学研究会）や民科がひらいていた研究会や講演会に（学生時代の終わりのころから）よく出て行きました。民科もはじめは歴史部会に出ていてその延長線上で婦人問題部会に誘われた次第、その成り立ちや活動については三井礼子「女性史研究会の二〇年」（『歴史評論』一九五号、一九六六年。のち『女性史論集』第一巻、一九九七年、吉川弘文館所収）や『銃後史ノート』（一九八〇年、女たちの現在を問う会）の座談会にほぼ語られています（私はこの座談会後半は退席して加わっていません）。ちょうど井上清『日本女性史』（一九四七年、三一書房）が出版されたころでこれをテキストにしたと思います。『日本女性史』はのちには女性解放の道すじを示しただけで、多くの人がこれを学んだがそれだけで終わり女性史研究は深まらなかったという批判が行われました。しかし当時は、まえに述べたように女性はお茶汲みが当り前、生理休暇一つでも労働組合の青年部が頑張らなければ実現しないという状況でしたから女性史の学習会には、こうした問題をかかえた職場の人や学生が集まってきていました。みな自分たちの直面する問題のためにも女性がこれまでどのように歩いてきたか、どう闘ってきたかを知りたかった、それまでは全然教えられなかったことですから、そうした切実な思いで集まってきていたと思います。

女性史を学ぶことはさまざまな立場の人たちにとってもまず必要な第一歩だったといえます。今日考えるように女性史を研究するとか論文を書くというのではなく誰もが必要な通過点だったといってよいでしょう。ですから当時そこに来ていた人たちでもその後まったくちがった分野で活動しておられる方が少なくありません。私なども女性史を自分のテーマにしようということで加わったというより、歴史そのものを学ぶ一つの方法くらいに考えていました。それがいつしかだんだんと深みにはまったという次第です。『日本女性史』もそうした状況のなかで生まれた歴史的所産として考えなくてはならないと思います。

その後メンバーもほぼ固定し、三井礼子さん、井手文子さんなどと研究会をつづけました。青鞜や婦人参政権運動を学ぶため信夫《しのぶ》清三郎氏を招いて大正デモクラシーの講義を継続してやっていただいたこと――信夫さんは大正政治史の研究家で大正デモクラシーということばをさいしょに用いられたように思います――や、ずっとあとですが「家事労働の価値論争」(一九六〇年)のとき、何回も研究会を持ち大勢の人が参加して活発な議論がかわされたことなどが思い出深いことです。

### 女性史研究会の人びと

女性史研究会のなかで中心だったのは三井礼子さんと帯刀貞代《たてわきさだよ》さん、どちらも私にとってはちょうど母くらいの年齢の方でしたが、三井さんは財閥三井家の令嬢、帯刀さんは戦前労働運動の闘士で投獄などの苦労をされた方という、まったく対照的な経歴の方ですが、対立したりすることなくお二人とも私たちを指導するというより共に学ぶという謙虚な姿勢を貫かれていたことはすばらしいことと思います。帯刀さんが参加される経緯についても三井さんが書いておられます。戦中の投獄などで健康を害されたこともあり、実践運動からはなれて女性史を学び直したいという気持ちが強かったように思います。

研究会のなかにさらに小グループがあり、私は帯刀さん中心に埼玉県での農村調査を行ったり、製糸紡績労働の研究会を持ちました。その関係でのちに私と隅谷茂子さんが『製糸労働者の歴史』(一九五五年、岩波新書)の編纂《へんさん》に加えていただきました。その後帯刀さんは母親運動という実践の場に復帰されその中心的役割を果たされましたが、私は晩年まで親しくさせていただき、さきの『おんなの昭和史』を書くときもいろいろ教示を受け、

「労働女塾」の貴重な写真も貸していただきました。その写真でわかるように、帯刀さんは女優の香川京子さんそっくりの美人で声の美しい方でした。

### 女性史研究会の成果

なお民科の女性史部会に関連して三井さんの『歴史評論』論文のなかで、『現代女性十二講』（一九五〇年、ナウカ社）や『製糸労働者の歴史』を会の仕事のように書かれているのは違っています。『現代女性十二講』はのちに立命館大学教授になられた現代史の藤井松一氏が当時ナウカ社に勤務、企画されたものでした。私が案内して藤井さんがはじめて帯刀さんのお宅をたずねて編集を依頼、櫛田《くしだ》フキさんと共編で松田解子《ときこ》さん・桑沢洋子さん・鷲沼（小林）登美枝さん、「むすび」は宮本百合子さんと当時活躍されていた方たちが執筆、その歴史の章の一部を女性史研究会の人びとが分担したにすぎません。

『製糸労働者の歴史』もさきに述べたような事情で、これは全蚕労連（全国蚕糸労働組合連合会）が自分たち製糸労働者の歴史をつくるということで研究者たちと協同で編集されたものです。全蚕労連の筆者のなかには現在アジア女性労働問題で活躍しておられる塩沢美代子さんが加わっていました。

女性史研究会が独自に、そして全員協力でとりくんだのは『現代婦人労働史年表』（一九六三年、三一書房）だと思います。運動史と銘打っていますがひろく女性史全般に目配りし、主要な事項には解説をつけたものです。新聞雑誌の記事をもとに事項をえらぶことからはじめ、皆が国会図書館などに通いつめ大変な作業でした。今日のように図書館にデータベースが整理されているわけでもなく、いちいちカードにとって持ち寄り取捨選択をしました。事項の出典がつけてないなどあとから見ると不備な点がありますが、隅谷茂子さんという緻密な人材がその中心になって仕事をされ、きわめて良心的につくったことは断言できます。今日の研究の土台になるものだといえます。

このほかにあまり知られていませんが『明治文化全集』（一九六八年、日本評論社）の末尾にある「婦人問題文献目録」は日本近代女性史研究会という名称になっていますが、女性史研究会で作成したものです。これは戦時中に帯刀貞代・丸岡秀子・西清子さんが集めておられた目録があり、これを譲りうけて補充・訂正したものです。戦後の女性史研究がじつは戦前に先輩の方たちがなさった仕事の上に立っていることを語る一つの例として記憶にとどめたいと思います。

『現代婦人労働史年表』に精力を使い果たしたためか研究会は休会になりましたが、私はそのメンバーのなかの藤井治枝《はるえ》さん、小山伊基子《いきこ》さん、世古口五枝《せこぐちいつえ》さんと製糸・紡績労働の勉強会を細々とつづけました。藤井さんはのちに女子教育論などの評論家に、小山さんは国際婦人デーの研究や長崎に行かれて長崎女性史の仕事をされた方です。藤井さんと私は岡谷・諏訪の製糸の史料調査、世古口さんは労働科学研究所につとめていた方で大阪出身の関係で大阪地方の紡績労働を調べられました。女性史研究会を最後までつづけた忘れられない友人です。

## 地域の仲間と

### 世田谷母親勉強会

一九五〇年代後半から六〇年代、子どもを育てているころは農村に出かけることなどもむずかしく（それ以前に研究所は退職）、女性史研究会などのほかはもっぱら地域での生活が中心でした。当時住んでいた世田谷の梅ヶ丘というところは、戦後早くから主婦たちがPTAや平和問題で活発に行動していたところで、原水爆反対ではほかのどの地域より早くに署名や抗議運動をはじめたという誇りを持つ人びとが集まっていました。私も原水爆反対運動を契機に仲間に加わっていましたが、五九年、そのなかの有志と世田谷母親勉強会という会を組織、教育問題の学習をはじめました。当時勤評問題・学力テスト問題がおこり、戦後の民主教育がはやくもくずされようとしていました。勉強会の中心になった、私よりやや年長のお母さんたちは戦後PTA活動などで文字通り先生（学校）と一緒に子どもの教育を考え育てるという経験を持つ人びとでした。それだけに地域や家庭と子どもの教育についてそれぞれじつにすぐれた見識を持っており、私は自分の子どもの教育とか進学とかについてこの人びとから多くのことを学びました。

六五年からこの会で歴史講座を企画、毎月一回、一年から二年連続で日本史通史、近現代史、ヨーロッパ史、中国史などをとり上げ、大江志乃夫《しのぶ》先生や弓削達《ゆげとおる》先生などが快く協力してくださり、大学の講義に勝るとも劣らない充実した講義をしていただきました。区内各地から毎回二〇〇人もの主婦たちが集まり、会場の確保、連絡、史料のコピー、テープ録音などそれはそれは大変でした。テープレコーダーといっても大きな重い箱をそのつど運んだり、なによりも今日とちがって地域の行政が支援してくれないどころか、にらまれて会場を確保することだけでも容易ではありませんでした。

まだカルチャーセンターなどがなく、戦中・戦後に十分教育を受けられなかった主婦たちの学習意欲をうけ止めるものがなかったころでしたから、それに応えることができたわけです。このあとカルチャーセンターが生まれ、行政の社会教育活動も変わってきました。

その後、このときの参加者が思いがけないところでがんばっているのに出会いうれしい思いをしたこともあります。

こうした地域の友人たちとの学習や活動の経験は、のちに自治体史（『結城市史』一九七七〜八三年。『小山町史』一九九〇〜九八年）や自治体女性史（『椎の木の下で——中野区女性史』一九九四年、ドメス出版）の編纂にかかわったり、各地の学習会などに招かれたときに非常に役立ちました。女性が地域で学ぶこと、自分たちで子どもの教育も、自分自身の生涯教育もつくり上げていくことの意義、それが生み出すものははかり知れないと思います。

## 女性史研究の再出発

### 青山なを先生と私

一九六〇年代から七〇年代前半のころは、自分が道草をしていたのでそう思うのかもしれませんが一般に女性史への関心がやや低くなっていたのではないでしょうか。女性史の学習会などによばれて行くと、主婦はそうでもないのですが、女子学生のなかからは「なぜ女性史なのか？」という声がよく出されました。戦後に生まれ、共学のなかで育ってきたこの人たちには、一見男女の平等は達成されているように感じられ、物質的にも不自由がなくなり、女性の歴史をとりたてて考える必要もないというのでした。

　差別が「残っている」のではなく、女性の社会進出がすすむなかで新たにつくり出されつつあることがあぶり出されてくるのは七五年国際婦人年以後であり、女性史への新たな関心がおこるのはこうした状況のなかでのこと、一九七〇年の女性史論争もその契機だったといえます。

　その少し前から私は、子育ても終わり女性史を勉強し直そうと思い立ち、青山なを先生のおられる東京女子大学の比較文化研究所に通い出しました。青山先生は当時、『明治女学校の研究』（一九七〇年、慶応通信）を刊行されたころでした。私はそこで木村熊二・鐙《とう》子《こ》関係資料の整理の一部を手伝いながら青山先生の、文字通り〃学究〃としての研究生活を垣間見、緻密な史料の分析、透徹したしかも人間味溢れる人物への接近などを学ぶことができました。当時女性史論争華やかなときでしたけれども、私はむしろ青山先生のような研究に沈潜したいと願いました。「平民主義の婦人論——『国民之友』と『家庭雑誌』における」（『歴史評論』三一一号、一九七五年。のち『女性史論集』第八巻、一九九八年、吉川弘文館所収）は、このなかでの試み、かねてからの女子教育と家庭の問題を考える一歩でした。もとより青山先生の足元にもおよばぬ未熟なものです。のちの『木村熊二・鐙子往復書簡』（一九九三年、東京女子大学比較文化研究所）の編纂を手伝ったのはこのときの縁によるものです。

## 「女性史の新しい波のなかで」

一九七〇年代後半、女性史研究の新しい波の一つとして女性史総合研究会の誕生があります。その前提として京都では京都大学関係の女性研究者たちによる婦人研究者連盟、婦人問題研究会の活動があり、東京でも婦人研究者のシンポジウムが持たれたりして女性研究者の地位を高めようという気運が盛り上がっていました。脇田晴子さんからのよびかけで東京から林玲子さん、米田佐代子さん、西村汎子さん、関口裕子さん、服藤早苗さんと私が加わった京都での第一回の会合は新しい活動にむけての熱気に溢れていました。これまで私などが長年加わってきた組織や活動とちがって、大学研究者と在野の人が一堂に会し、また歴史研究だけでなく文学、社会学、自然科学の人までの学際的な横のつながりを持っていたことです。多分野の人がさまざまな角度から自由に意見を述べ、それによってじつに斬新な視点が生まれるという刺激的な集まりでした。

このあと関西と東京で交互に合宿研究会を持ちました。東京が担当のときには、信州に行き諏訪の製糸博物館の見学や『あゝ野麦峠』の著者山本茂実氏と昔の製糸女工さんを招き座談会をし、山本さんから聞き書きの方法を学ぶという充実した研究会を持つことができました。そうした過程で東京周辺の女性史研究者たちにひろくよびかけ、女性史総合研究会東京支部をつくりました。

女性史総合研究会は「日本における婦人問題の歴史的総合的研究」というタイトルで文部省の科学研究費（七七〜七九年）がおりて、大きな三本立ての枠組み——第一が前近代から近代・現代の女性史研究、第二が文献目録の作成、第三が研究者の実態調査——で研究会がスタートしました。科学研究費による研究の成果が『日本女性史』全五巻（一九八二年、東京大学出版会）と『日本女性史研究文献目録』Ⅰ〜Ⅲ（一九八三・八四・八八年、東京大学出版会）です。『日本女性史』のときは出版社の意向で男性執筆者が半分くらい加わりました。いまではこうしたことも言われませんけれども……。『日本女性史研究文献目録』は戦前からの文献を網羅するはじめての試みで、東京の会員の多くの方々にも協力していただいた、いわば東西の女性史研究者の総力によるものだったと思っています。

このあと、そのネットワークにより脇田晴子さんを中心に『母性を問う』上・下（一九八五年、人文書院）をつくりました。このときも、歴史学・民俗学・文化人類学・文学など多分野の人びとで母性という一つのテーマを多角的に、通時代的に追う興味深い試みができたと思います。また脇田・林・永原編『日本女性史』（一九八七年、吉川弘文館）も東京・京都の会員総動員でき上がった成果でした。

私個人としてはこうした共同研究のなかで、これまでとはちがった各時代、各分野のまた世代的にも若い方たち、さらに女性史に新しい示唆を与えて下さる多くの男性研究者たちを友人に得ることができたのを何よりの財産と思っています。

一九八〇年に総合女性史研究会が発足します。この会の名前については何度か書いているのですが、京都のほうでは『日本女性史研究文献目録』と『日本女性史』が出たあと、女性史総合研究会は休会するといわれ、東京部会だけ残っているのもまずいし、そのまま女性史総合研究会の名前を使うのもということで東京女性史研究会ではなく、「総合女性史研究会」にしました。全国的な研究会にという意味で「総合」を入れたかったのです。でも、その後、女性史総合研究会が復活してまぎらわしいという声もありました。

総合女性史研究会は東京部会というかたちで組織ができていましたから、すぐスタートさせることができました。またすでに活動していた前近代女性史研究会、近世女性史研究会が母胎の役割を果たしてくださいました。はじめは、これまでの関係で林さん、米田さん、西村さん、関口さん、服藤さんで委員会をつくり、私が代表になったのは一番年上だからということでした。

事務局は服藤さんが会計や研究会の会場とり、連絡・総会の準備など一手に引受けてとりしきってくださっていました。その間にとくに彼女と私が努力したのは、会誌の発行と入門講座で、会誌はこれまでなかなか論文発表の場がなかった在野の研究者や若い方たちに少しでも役に立てればということ、入門講座は新学期の時期に開催し学生のあいだにも女性史への関心をひろげたいという思いではじめたものです。会誌の編集・印刷は歴科協（歴史科学協議会）の事務局におられてその道ではベテランの岩井サチコさんの尽力によっていました。会の組織と活動が軌道にのるまで一〇年もかかってしまったという感があります。

## 女性史を紡ぎつづける

女性史との最初の出会いもそうだったように、確固たる信念や研究方針があってということでもなく、道草をしたり中断をしたりしながらそれでも離れることなく今日まで来てしまったというのが正直な気持ちです。どうしてつづけてこられたかあえていえばこれまで述べた、子どものときからそれぞれの時代に直面したり、体験したりしたこと、そしてそのなかで感動したり、疑問を抱いたりしたことが、じつはみな私の女性史研究の課題であったということかもしれません。

子どものころの家庭環境は、親たちの世代がかかえた家の重みということを私の心の深部に刻みつけたし、戦前・戦後に体験した教育の二つの面は、日本の良妻賢母教育やキリスト教主義教育を知りたいという思いとなってつづいています。農村や地域にふれたことは、つねに底辺の女の暮らしを浮かび上がらせねばという責務のようなものを私に課しました。それらを通底するものとして戦争と女の関係を考えることはその時代を生きたものとして最大の、究極の課題と思っています。これまで折にふれてとり上げてきたテーマはそれぞれこうした私自身のなかにある問題の一部でした。そういう意味で歴史を、女性史を学ぶことは自分が一歩前にすすむための作業でした。

女性史とは結局ひとりひとりの女がその暮らしのなかから紡ぎつづけるもの、語りつくされたということはないでしょう。私もひとりの人間として研究者としてこの営みをつづけていきたいと思います。

（一九九八年六月二七日・九九年三月二九日　石月静恵・大門泰子・金子幸子・中嶋みさき・平井和子聞き取り）

# 良妻賢母主義の家庭から

中嶌　邦

## 軍人家庭に育つ

### 生い立ち

私は一九二九（昭和四）年生まれです。父は陸軍の職業軍人です。母の父も職業軍人でした。当時としては中流の家ですけれども、男女差別というか男女の重さが本当にちがっていたなというのがいくつか思い出されます。はじめはそういう環境のなかで、そういうものかなと思っていましたけれども、時々おかしいなという思いをしながら大きくなりました。

私の印象に残っているのは、祖父はまさに封建そのものの人でしたから、祖母はいつも祖父の機嫌をどうとるか、どうやって祖父の機嫌をそこねないかと、おどおどしていました。とにかく祖父が笑った顔を見たことがない、本当に謹厳そのものの祖父でした。父は、職業軍人らしくない父でして、すごく優しい、それなりに人間的な父だったのですけれど、それでもやっぱり母は父をしょっちゅう立ててる、そういう感じでしたね。それから私は四人きょうだいで、兄と三姉妹ですけど、兄は一人の男の子だったものですから、とにかく大事にされ期待をかけられていて、女の子はどちらかというとどうでもいいという感じでした。戦前は男は一人前、女は半人前です。

それからもう一つ、私は兄には、どうして男の人はこんなによくできるんだろう、女はだめなんだろうか、同じ両親から生まれてもという思いをずっと持っていたのです。ところがあとで女子教育史を追いかけてみると当たり前なんですね。自分自身のことを考えてみても、本を読んでいても、母が手伝え、掃除しろと言ったら動かなければならない。兄はそんなこと全然ない、学校の知的教育もまるでちがう。学校に行っても女性は裁縫や家事などにものすごく時間がとられる。そういう環境のなかで男ってのはすぐれているのかなと知らず知らずのうちにうえつけられたと思います。

## 小学校時代

私は東京の小学校で三年生まで男の子と一緒の教室でした。そこで思い出を一つ。小学校三年のときに、先生が将来何になりたいかと質問を出したんです。当然男の子から聞いていく。男の子だと割合多いのが軍人です。兵隊さんとは言いませんでした。それから父の、あるいは家の職業をあげる。お父さんの跡を継いで医者に、会社員になりますとか、家は炭屋だから炭屋を継ぎますとか、農業をやりますとか。それで女の子の番になったわけです。なんて言おうかと思って、私は小さかったですから前の方から早く回ってくるわけで、どきどきして困ったなあって。で、女の人の一生を考えるとお嫁さんかなあと思って、みんなの前でお嫁さんと言うのは恥ずかしいし、どうしようか。そしたらはじめの方が、看護婦さんと言ったんですね。そのころは軍人に対して女だったら従軍看護婦。だけど私には全然そういう気はないわけです。血を見たら気持ち悪くなる。そしたら次の方がね、先生と言ったんです。これはいいと思って、気持ちになりいのに先生って言ったんです。それで女の子たちが同じような答えをしていく。そうしたら、後ろのすごく明るいお友達が、「お嫁さん！」と言ったんですね。笑いがひろがりました。その方ね、年の離れたお姉さんが結婚したばかりだったらしくて、私もお姉さんみたいにお嫁さんになりますと言ったんです。ああしまった、お嫁さんと言うべきだったたって。男の子と女の子の職業選択の幅がずいぶんちがうなと、将来像がちがうんだなというのが印象に残っています。

## 女学校時代

高等女学校は府立第四高等女学校といいまして、今は南多摩高校というのかしら、八王子市内にありました。そこへ姉が行っていたので、一九四一年に私も入学しました。そこに詩人に与えられるH氏賞を、戦後おもらいになった桜井勝美先生という国語の先生がいらしたんですね。国語の時間も間のお話も面白かったので非常に影響を受けたのですけど、その先生が、吉野源三郎『君たちはどう生きるか』（岩波文庫）をとっても推奨なさったんですね。それで私も読んだんです。そしたら、女の子の意識と全然ずれてるんですね、それでがっかりしたのを覚えてます。ああ男の子はこういう生活と展望ができるのかもしれないけれど、女の子はできないのだと。

## 戦争体験

二年生のときくらいから勤労動員がはじまって、農家へ手伝いに行かされたりして、三年生のときから本格的に工場に入ります。はじめは学校工場で、その次には八王子の戦車の部品をつくる工場に動員になりました。で、私はねじ切りをやっていた。油だらけになりながら。軍国少女に育てられていましたから、いかにしておしゃか（不良品）をつくらないようにと必死になりましたが、とにかく不熟練労働者ですよね。あるとき、どうも製品が良くないと思ったので、本社に行ったときに、こっそり聞いたんです。女学生が一生懸命やってる、これ役に立つんでしょうかって。そしたら一〇〇台戦車があるとすると、まず三〇台、三分の一は駄目で、大陸に持っていけない。それで残りを持っていくと、さらにまもなくその三分の一は動かなくなるって聞かされましてね、今だったら日本は負けるなと考えますけど、そのころはそういうことでは申し訳ないという、一生懸命やらねばと思いました。

それからもう一つお話しておきたいのは、特別攻撃隊に所属する人たちが、私たちの工場に、もうじき基地に飛ぶからというので、五人ばかり来てくれた。私はそれまで特別攻撃隊は全部志願だと思っておりましたら、そのなかのおひとりが、ポケットから手紙を出されて、この手紙を胸に私は敵艦に突っ込むとおっしゃったんですね。そのときの説明に、私はこの手紙をくれた姉しか係累《けいるい》がない、父も母も死んでしまった。姉は結婚しているけれども、姉と自分二人きりなんだ、たぶん係累がまったくないので特別攻撃隊に選ばれたのだろうと言ったんですね。私はそれを聞いたときに、御本人はさらっとおっしゃったのですが、私にはものすごくショックでした。選ばれたっておっしゃったとき背中がぞくぞくとしましてね。それからお友達が当時の一般的な言葉で、お国のために戦果を上げられんことをとか言ったんだと思いますけど、そんなの全然耳に入らなかった。前年の六月に大好きな兄が中国で戦死しており、若者を死に向かわせる非情さを直感したのだと思います。ですから敗戦の八月一五日に祈るような気持ちでした。あの方が、青白く細おもてのあの方が、無事であって欲しい、生きていて欲しい、それが敗戦の日の私の強烈な祈りのような気持ちです。

新しい教育制度のもとで

**専門学校へ**

姉もすでに専門学校に行っていたものですから、私も自然に専門学校に行くつもりでいまして、敗戦になる年の三月に日本女子大学校を受けました。当時の国語科です。そのときの入学試験は、「決戦下における皇国女性の覚悟」というような課題です。もちろん一般的な試験などはありません。その答えを書くのと、簡単な面接がありましたね。それで通った。

敗戦の年の一〇月からようやく授業がはじまったのですけれども、そこで私学の、限界はありますけれども公立とは一味違うリベラルな感じを受けたように思います。まだ専門学校時代ですけれども、結構、研究会みたいなものがありましてね。それで私は研究会のなかで、『お湯殿の上の日記』という宮廷の女房が残した厖大な日記がありますが、ほとんどひらがなで書いてあるのを漢字に直していく研究会に入り、上級生の方にいろんな方法を教えていただきながら内容を理解していく。調べる楽しさを実感して、卒業のときは『お湯殿の上の日記』の考証（もちろん一部分）と、その時代背景みたいなものを書いて、卒業論文にしました。それから卒業論文ですが、作品でもいいんです。戯曲や小説や和歌を出したり、それでもよかった。たしかお友達で戯曲を書いて出した人がいます。本人の持っているものを伸ばすような、そういうリベラルな対応に驚きました。

それから私は勉強するために専門学校に行ったつもりだったのですけども、日本女子大学校は専門知識を身につけるばかりではなくて、生き方を自らに問うことが求められた。これは創立者成瀬仁蔵《なるせじんぞう》の教育から継承されてきているのですけれども、それで具体的に何があるかというと、たとえば信仰論文を書かされたんですね。私みたいに特定の信仰を持っていない者は書きようがない。そうしたら自分はどうやって信仰を育てていくかを書いてもいいし、あるいは自分の信念をどういうふうに形成しようと思っているか、それを書きなさいといわれて。今考えてみるとまったく何を書いたか覚えていないのですが、母を悩ませたように思いますね。人間が生きるということ、あるいは死ぬということはどういうことなのかを、若いときに書くことによって突きつけられたというのは、とてもよかった。おそらく公立の学校だったら知識偏重で終わると思うんですけど。

## はじめての共学へ

卒業するときに、私の担任でいらした大井ミノブ先生、いけばな史研究のパイオニアの方ですけれども、この方は戦前に日本女子大学校から東京文理科大学に行き、それで日本女子大に帰っていらした先生なものですから、私にも「あなたも歴史の方を勉強しない？」とおっしゃってくださって。それですっかりその気になって、まったく身の程知らずもあきれ返るんですけれども、今考えると。とにかく戦時中ずっと勉強してませんから、それから女子大も食糧事情が悪いときですから休みだらけ、戦争中の短縮制度で三年で卒業なんですね。そういうことで私自身がものすごくハングリーだったものですから、国文学と歴史学がどうちがうかなんて考えもしないで、東京文理科大学を受験したわけです。

もちろん受けるときは経済的に余裕がなく、父はなかなかうんと言ってくれませんでしたけど、一回だけ受けて落ちたら諦めろ、たぶん落ちるだろうと期待してたのじゃないかと思います。ただね、父は、これからは女の時代だろうとは言ってくれてたんですね。それでその年すぐはとても駄目だと自分で分かっていたので、一年間勤めながら勉強して翌年受けたらどうやらひっかかりました。

それで東京文理科大学の国史専攻に入ったわけですけれども、はじめての共学の体験ですから、どう男の子たちに対応していいか分からない。さらに女子学生は少数者。一緒に入ったのがたしか八人で、そのなかで女性は私一人、上にも女子学生はいない。特別研究生にお一人、水江漣子《みずえれんこ》さんという近世史の方がいらして、私の後に一人。大体お手洗いがどこにあるかも分からない。東京文理科大学は一九二九年の創立時から女子学生を入れているのですけど、ごくごくわずかだから。一緒に調査旅行に行くと男の先生と男子学生ですね。もう水江さんを拝み倒して一緒に行ってもらって、お寺なんかに合宿すると、私たちだけ布団部屋。それから戦後のひどいときにひどいお酒飲むんですよね。それでもうへべれけの人が出るし強制されるし、だけど緊張してると酔わないですね、布団部屋に帰るとそこら中がぐるぐる回ってるという、そんな経験をいたしましたけれども。

とにかく卒業して働かなきゃというのがあったものですから必死だったんですけれども、ただ学力不足には泣かされました。かといっていまさら引けない。それともう一つは、国文学から歴史学にいったことで、かなり方法が違うんだなと思いましたね。結局文学は、その文学を通して時代をある面で越えて人間とは何か、人間性みたいなものを問う、あるいは文学はどういう表現ができるか、そういうところにいきます。ところが歴史は、たとえず人間が時代の子であるととらえて、時代と人間との問題にしていきますよね。そういう点で演習などの発表で無自覚のまま文学的な発想だとかの調べ方でいくと、先生に一つ一つこれはこの時代でどういう意味があるのかと言われるわけ。もう本当に泣きの涙。情けない思い出です。

それに敗戦後ですから、あのころは社会経済史の全盛時代、私みたいに国文からだとどうしても文化みたいなものにひかれるわけですが、それこそマルクス主義でいうところの社会の上部構造でね、文化だってその時代の社会経済の実態が分からないで何が言えるという、そういう時代でしたからね。これにもとまどった。出版社や家庭教師などのアルバイトをしながら東京大学の史料編纂所に通って卒業論文は山科言継《やましなときつぐ》と言経《ときつね》という安土桃山期の公家の親子二代の日記を読んで、公家文化と町人文化の交流の社会的考察を書きました。

ただ東京文理科大学で、私の歴史の視野を広げてくれたと思うのは、和歌森太郎先生あるいはそのころ助手だった桜井徳太郎先生、竹田旦先生、そういう柳田国男の民俗学にかなり傾倒してらした方がいらっしゃいましてね。民俗学の勉強をさせられたことは、私なんか都会育ちですから、農村の民衆の生活というものが本当に分からなかった。そういうのがいわば私にとってのショック療法でもあったんですね。で、晩年の柳田国男先生が女性の会を持ってらして、これは卒業してからですけれども、少しの間入っていました。柳田国男先生のお話も印象に残っています。

## 近代史、女性史へ関心が移る

卒業できたものですから、大井ミノブ先生に声をかけていただき日本女子大学の史学科の助手になりました。そこでいったい日本女子大学とは何かと、自分がこれからずっと勤めていくのだったら、成瀬仁蔵という創立者はそもそも何者かを自分なりに考えてみたい。それから女子教育史というのはどういうものか、あるいは女性史というのはどうなのか、あるいは近現代の日本というのはどういうものかというように、だんだん関心が移っていきました。

創立者の成瀬仁蔵は、私が日本女子大学に戻ったころはまだ神様でした。研究対象にするのはけしからんわけです。それで研究対象にするといったら白い目で見られることもありましたけれども。学園史も、どちらかといえば自分の学校のことだけ書いてあるので、そういう点では広い視野でちゃんと学園史をとらえてみたいと思っていましたので。

ところが当時は、私たちが生きている同時代史の近現代史の研究は対象外、現代史なんてもちろんありません。近代史の研究もはじまったばかりで、明治以降は歴史じゃない歴史学の範囲じゃないと言われてた時代ですから、近代史の研究者はものすごく少ない。そういうことで日本女子大学にも近代史の担当者・講座がなかったという状況でした。で、そのなかで少しずつ成瀬を一つのきっかけに近代の研究をはじめていたものですから、そっちの方が面白くなっちゃいまして、近代に転向してしまいました。

さらに女性史という研究分野もない。歴史のおこぼれという感じです。当時、井上清『日本女性史』（一九四九年、三一書房）が女性のサークル活動などで啓蒙書として読まれていて評判でしたので、私も読みましたが、読むと女性史への関心が逆になくなる。研究する意欲がそがれるという感じでした。

現在、自分の関心で近・現代史のなかで女性問題を抵抗なくとりあげられる方が増え、時代がすすんだなと思います。

**当時の女性研究者は**

女性研究者としていくつか思い出があります。一つは、私は幸いに先生が呼んでくださったので大学に帰り、助手になれたわけですけれども、女性が研究者として職を得ることはものすごく難しいですね。先輩の水江漣子さんはとても優秀な方でしたけど、かなり長いこと高校の先生をしていらしたと思いますね。たとえ優秀であっても結局は男性の方が研究職を得るという、今でもあまり変わらないと思いますけれど、そういう状況。一九九八年段階でも大学では女性の教授は七％ぐらいしかいません。

私自身の体験としては、成瀬仁蔵の研究をはじめたころに、成瀬ははじめ牧師をやっていたということもありましてキリスト教系の学会に成瀬の若い時代を研究発表してくれないかといわれて行ったんです。私が成瀬の話を終え質問を受けて答える、そのあとでちょっと白髪混じりの男性が、女がこういう研究会で発表するとは何事だって言ったんですね。呆気《あっけ》にとられて。私が成瀬の論文をいくつか発表したあとですから、昭和三〇年代半ばくらいでしょうかね。なぜそういうことがおこったかというと、邦という名前のせいなんですよね。佐々木邦というユーモア小説家もいて、男名前と思われた。研究は男性の領域であり、女性は参加すべきではないということ。それで招いた方が急いで、成瀬の研究をやってて、今この段階ではこの人しかいないのだからとフォローして下さった。

今でもときどきご主人出してくださいという電話がありますけど。

## 結婚と子育てを歴史研究につなげる

### 子どもを産んだら研究は終わり？

いよいよ結婚することになったとき、同じ日本女子大の卒業生で、私よりちょっと年上の独身の方だったんですけれども、「これであなたの研究も終わりね」と言われた。とにかく研究者で、結婚なんてけしからんわけですよね、本当に。髪振り乱してじゃないですけど、そうやって一生懸命やらないといけないと思ってらしたんだと思うんですね。でも私は、確かに研究と家庭の両立は難しいだろうなと思いましたけれど、片方でね、歴史家は結婚してた方がいいんじゃないかという思いもありまして。やっぱり家庭を持っていろいろなことを経験し苦労するということが歴史を理解する一端になるかしらと。

私は娘が生まれる少し前から保育所の設置運動とか、子どもが小学校に入りましたときには学童保育の設置運動を地域の方とやったり、保育所の先生とどうやったら子どもを健全に育てられるかという話し合いの会をつくったり、いろんなことをやりました。そういうことは歴史を理解するのにすごくプラスになったと思います。

それからもう一つはまるで私も生活音痴だったわけですけれども、結婚によって衣食住にそれなりに責任が生ずるのでそういう点でも生活実感を得られたと思います。出産は一九六五年で保育所づくり運動が一番激しかった時期ですね。私は学童保育について東京都杉並区にかけあいに行ったのね、そうしたら保育所設置と学童保育所の設置と両方の運動関係のお母さんたちが集まってた。もう圧倒されましたね。頭の固い杉並区役所の担当者が、女は家庭に帰れというわけですよ。そうしたらお母さんたちが大声で怒鳴り、明日の食べ物を保証するかと。運動の結果、娘の学区にも学童保育所をつくらせました。

生活経験は、のちに社会教育講座に参加するのにも役立ちました。

## 女子教育史研究

私は自分の足場をしっかり見つめたいということで、成瀬仁蔵研究から入りましたが、教育史といえば西欧教育史であって、日本教育史は軽いんですね。そのなかでも女子教育史はさらに軽いという序列になっている。ですから女子教育史なんて概説しかなかった。いわゆる研究は少ない。つまり男性研究者の視野の外に女性教育はあった。それから教育学のなかでも、驚いたんですけど家庭教育という分野がなかったんです。保育とか児童教育という分野はあるんですが、女と家庭は非常に密接な関係におかれていながら、家庭教育の分野も研究分野として問題になっていないことが分かりました。

近代では女子と男子の教育制度上・機構上の、あるいは実際の学校そのものをどう設置するかなど、その落差はものすごく大きい。一八七九（明治一二）年の教育令から男女別学ですから、男の方はどんどん充実していくけど女の方は放りっぱなしで大学教育をうけられるのは一般には戦後になってからです。そのなかで体制の女子教育の方向としては良妻賢母教育ですね。良妻賢母教育というのはいったい何かというのも、私が研究をはじめたころはまだ封建時代の考え方だといっている人もいるくらいで、よく分からない状態だったんですね。女子教育史を追っていくと、成瀬仁蔵は時代を先取りしている魅力がありますが、教育史の背景になるものをもうちょっとしっかりつかまえていかなければならないんじゃないかと、今までの政策・体制、あるいは思想とかを追いかけていっても、それはあくまでも建前のものであって実態が分からないんじゃないかと思いはじめました。つまり教育する側、もっと言えば男性のイメージによる女性教育はかなり明らかになっても、教育される側の問題が分からないし、両者の間のすごいギャップが自分自身の経験でもあるわけで、実態をもうちょっと知る必要があるんじゃないか、そういうことでだんだん被教育者の側を明らかにしたいと思い出しました。それで一九七五年に日本女子大学の女子教育研究所で『大正期の女子教育』をまとめたときに、被教育者側の調査、具体的には主としてアンケートによるものをやったんですね。このあたりからかなり被教育者の調査研究をさかんにほかでもやってくださるようになったようです。だんだん教育する側と教育される側のずれもきちんとおさえながら研究されるようになってきたんじゃないかなと思います。

## 生活史を目指す

もう一つ私自身としては、もう一歩入っていわば女が本音で生きているのは生活の場なんだから、もうちょっと生活史を自分なりにとらえたいと思いまして、一九六七年くらいから論文をまとめはじめました。そして日本人がどういうふうに生活に対して関心を持っているかとか、大正期さかんになる生活改善運動を追いかけたり、生活という問題は家政と非常に密着するので家政学の問題もやったり、家政というのをどうとらえるかという問題をやったり、だんだん幅が広くなって収拾がつかなくなってくるんですけれども、そういうことをやってきている。そのなかで気がついたのは、女性史をやるにしても資料を集めるのがものすごく大変だということです。『日本婦人問題資料集成』一〇巻(一九七六〜八一年、ドメス出版)が出てますけど、あのなかで丸岡秀子先生が編集責任の「生活」部門の明治から敗戦までの資料集めをお手伝いし、丸岡先生に親しくしていただきました。そのときに感じたのは本当に明治期はほとんど資料のなかに女が出てこないということですね。いるにはちがいないのだけれども、女には関心がむけられていないということで、生活の資料を集めるのにとても困りました。

とにかく研究を深めるためには、もっと資料を皆が見やすい状態にしておいた方がいいのではないかと思いはじめ、そこにちょうど復刻ブームみたいなものが起きましたので、日本図書センター、大空社、臨川書店とかいくつかに関係しながら、女性に関する資料の出版と解説を書くという仕事をかなりやったわけです。このなかで非常に印象的なのは性教育の文献（『性教育研究の基礎文献集』全一二巻、一九九〇・九一年、大空社）ですね。日本の性教育は、男の性は本当に放縦でほったらかしで、女の性にだけたがをはめていくんですね、貞操とかなんとか。そういうことで性教育は男女の問題をクローズアップするものでしたね。ついで「女と戦争」「女と職業」「女と生活」などのテーマごとの復刻を通じて多様な女性像をつかめる企画をしました。それから『婦人衛生雑誌』は衛生思想が欧米から入ってきて日本のなかに広がっていくわけですが、それが国家と非常に密接に関連しながら展開してるということが明確に描くことができる。『婦人世界』『婦人の世紀』『女鑑』など雑誌の復刻もしてきたのですけれども、なかには前向きのものもあるし後ろ向きもあるし、いろいろ性格はあるのですけれども、こういう女性ジャーナリズムの功罪を全体的に考えなければならないのではと思っています。

これからの女性史研究に期待すること

こういうなかで感じてきたことは、女性も歴史を構成してきたのだというその認識をきちんとしないと、今の歴史教育のなかで、女性が歴史に興味をますます持たなくなるんじゃないかと思いますね。だから当然今の歴史教育を改善するためにも女性史研究をもっとやらなきゃいけないんじゃないか。女性学や最近のジェンダーの視点からの社会分析も参考になりましょう。

それから今までの歴史のとらえ方というのは、体制だとか政治の構造だとか、要するにマクロ的な非常に大きなところから歴史学として問題にするわけですけれども、結局ミクロの重なりの上に、言い換えれば人びとの生の集大成としてマクロがあるわけですから、もうちょっとミクロの問題を、とくに女性の生きざまから考えてみる必要があるんじゃないかと思ってます。そういうことは同時に運動史だとか事件史も、日常生活との関連のなかで見たいなと思ってます。家族の関係だとか家の経済とか日常生活の様態だとか、生活圏・生活時間がどう変わってくるのか、生活観や生活感情からもですね、こういう問題も当然入ってくるべきだろうと思ってます。難問ですが、生活から歴史が見えるようにとらえられたらと思ってます。最近の地域女性史は女性が参加して書かれ、とても魅力的です。

それから近代でいうと、とくに欧米のさまざまなものからの影響ももうちょっと研究する必要があるんじゃないかなと今思っています。それにつねに女性問題、女性史のなかで男女の関係性というものを考えることも必要でしょう。近現代というのは非常に歴史が、社会がものすごい勢いで動いていますから、静態的でなくできるだけ動態的に見たい。なぜかというと、女が抑圧の対象になっているんですけれども、必ずしもそれに順応せず、可能性を求めて動いていく女性像が出てくるわけです。そのあたりをしっかりとらえたいなと思っています。それは同時に主体として女はどう生きているかいないかという問いであり、そのへんを歴史のなかで深められればいいなと思っているところです。女性史は人間の歴史ですから。

（一九九七年九月二〇日　近現代女性史研究会例会報告）

# 運動・子育てと研究・教育

西村汎子

## 戦争一色だった少女時代

### 生い立ち

私は一九二八（昭和三）年に東京の渋谷で生まれ、姉、兄、弟との四人きょうだいです。祖父母の家と父母の家と夫に先立たれた伯母の家の三軒が同じ敷地内にあって、とても親しい関係でした。祖父は知事や朝鮮総督府の局長をした人で謹厳、祖母は神学校出のやさしいクリスチャンでした。母は末娘でしたが父を迎えて家を継ぎました。まずは仲の良い夫婦でした。母は内弁慶で家のなかでは家付き娘で存在感が大きかったです。父は長野市の郊外、平林の中農の次男でしたから、長男とは差別され、こっそり裸電球の下で勉強して、農林省の局長などを勤めました。短期間でしたが知事に出たことがあって、戦後戦犯追放になり、会社をはじめましたが上手く行かずに苦労し、その後、社会党の衆議院議員を一期だけ勤めました。かたわら、京都大学の農学部や日本大学、専修大学の非常勤講師をずっとつづけていました。

父は子煩悩《こぼんのう》で、子どもを叱ることはめったになく、子どもたちがよく勉強すると喜んでくれました。父の書斎には本棚がぎっしり並んでいて『国家学会雑誌』などのほか、谷崎潤一郎訳の『源氏物語』などもありました。押入を開けると子どもたちに小学生全集とか児童文庫などが買ってありました。近代家族的な家だったんですね。夫婦は何でも話し合っていて、子どもは男の子女の子の隔てなく、たがいに名前で呼び合い、勉強もしっかりやるように言われました。ただ、長男の兄への期待は大きく、一人だけ三畳の個室を与えられ、西村家をしっかり守るように言われていたようです。娘には一芸は持たすけれども、不幸せになるから職業婦人にはなってほしくないと考え、良家の子弟と結婚させて教養ある主婦に育てるのが目標でした。姉には熱心にピアノを習わせ、私の方は勉強が好きそうだからそっちの方でやるんだろうとなっていたようです。私は小学校のころは学校の先生になりたいと思っていました。恵まれた環境でしたが、ただ親の言いつけは絶対に守らせ、口答えを許さないやり方で、納得がいかないこともありました。学校も同様で、先生に誤解されてみんなの前で叱られたときも、誤解を解くなど許されない雰囲気で黙って涙をこらえるよりなかったのです。

## 多感な少女と戦争

幼稚園は原宿の教会の付属幼稚園、小学校は区立の大向小学校です。小学校二年のときに二・二六事件がおこりました。家は代々木の練兵場に近かったので、それまで兵隊たちが通ると喜んで見に行って、あの汗と土にまみれた臭いをかぎながら、親しい気持ちを持っていたんです。でも、その日は家の向かいの梨本宮邸の門に立っていた警備兵の、銃剣の抜き身が雪の中で光っていて、とても恐ろしい気がしました。今から思うと国家権力みたいなものを感じたんだと思います。もちろん、高橋是清《これきよ》が殺されたとかということを聞いていたからでしょうが。

三年の三学期からカトリックの双葉小学校に移ったのですが、小学校時代は結構キリスト教を信じていましたね。でもおかしなことに、それと「現御神《あきつみかみ》」の天皇とは全然矛盾しませんでした。私たちが安心して暮らせるのは天皇陛下のおかげである、その大御心《おおみこころ》に応えるように日々努力せよ、兵隊さんの苦労を思ったらどんなことでも我慢せよ、と教えられていました。信仰の方は聖堂に通って清らかな世界にあこがれる気持ちでしたけど、その信仰が破れたのは女学校に入ってからで、莫大な持参金を持ってこられない人は、服装も違い一生下働きの尼僧で過ごすのを身近に見て疑問を感じたからです。それでも誰も見ていなくても、悪いことはしてはいけない、といった気持ちは今も残っている気がします。

物心ついてからずっと戦争で、女学校二年で太平洋戦争がはじまり、四年から亀戸の方の工場で包帯をつくる仕事をしたり、市ヶ谷の陸軍省にいって戦死者の名簿をつくらされたこともあります。五年生になると、まったくの戦時体制で教室をすべて工場に変え、機関銃の薬莢《やっきょう》の検査をしました。おが屑《くず》と油にまみれた薬莢は冬には凍《い》てついていて、暖房のない部屋でのその作業で体も凍り付きました。そのなかで週一日だけ受けた授業の期末テストをやると聞いて、五年生全員が朝礼のあとに先生を囲んで抗議し、取り止めになるといった前代未聞のこともおこりました。終戦が近づくと親工場の方から製品を取りにくるトラックが来なくなり、どんどん製品が溜まってきて、みんな空しいというか、だれた気持ちになりました。戦争の行方について分からないながらも何か感じていたと思います。この女学校も卒業式が終わって三月一〇日に全焼し、私の家も五月二六日の大空襲で全焼しました。数時間で身の回りのものすべてが無くなり、次に逃げるときには蒸し釜一つしか無いといった「無常」も味わいました。

社会科学への目ざめ

## 終戦

進学で東京女子大学（国語科）を選んだのは、良妻賢母主義でなく個性を尊重する学校だと聞いていたからです。家族は榛名山《はるなさん》に疎開していましたが、私は学校工場が主でも少しは勉強のできる女子大に通うために東京に残っていました。八月一二日でしたが、父が中央官庁に勤めていた関係で、終戦の情報を持ち帰りました。その夜、戦争継続を考える父と、一日も早く降伏して戦争の犠牲を少なくすべきだと主張する、満鉄に勤めていた従兄《いとこ》との間で激論があり、私は漠然と従兄の意見の方が正しいのではと感じていました。父は終戦になったら血みどろの戦争から帰ってきたアメリカ兵がくるから、若い女の子は危険だといい、私は翌朝早く榛名へ行き、農家の母屋で終戦のラジオ放送を聞いたのです。

終戦で価値観がいっぺんにひっくり返りました。昨日まで正しいとされたことが間違っていて、間違っているとされたことが正しいことになったのです。戦後の闇市の活気を感じながら、物はないし生活は苦しいけれども、民主主義と男女平等の新しい時代を迎え、本当のことを知る喜びで一杯でした。女子大の門をくぐると正面の図書館の壁に「およそ真なるもの」と書かれたラテン語の文字が光っていました。古典の訓古解釈を叩き込まれましたが、それはのちに女性史をやるときに役立ちました。漢文の授業で陳独秀や梁啓超などの文章も読み、中野好夫の「小説論」、福田恆存《つねあり》の「近代小説」、臼井吉見の「井原西鶴」などの授業もあって、新しい息吹を感じながら自由な雰囲気のなかで学べました。本がないので、授業が終わると図書館へ行って、その日の授業と関係するテーマの論文を探したり、小説、演劇を読みあさりました。イプセンの『人形の家』もそのころ影響を受けたものの一つです。そういうなかで社会科学への関心も出てきました。

## 真実を見通せる学問をしたい

そのころ私が考えたのは、人間は良心に従って生きただけでは大変な誤りを犯すのではないか、兵隊たちだって、いいことをするつもりで戦場へ行ったに違いないのに、間違った戦争のために大勢の人に危害を与えることになってしまった。私は死ぬときには、自分が生きていたために、社会のために客観的に少しでもプラスになったと思って死にたい、誰にも認められなくてもいいけれどそのように生きたいと思ったんです。そのときに、戦時中に抵抗した人たちを支えていた科学とはいったい何だったのか、あの怒濤のような戦争協力の空気のなかで、どうして戦争が間違っているとか、日本は必ずこの戦争に負けるとか、見通すことができたのだろうか、そういう社会の仕組みを知って、これからどうなって行くかを見通せるような学問——哲学や経済、歴史を知りたいと思い、女子大のなかにあった社会科学研究会に出席しました。

また文学に対する評価もこのころがらっと変わり、私は文学を研究する場合にも、社会科学や歴史学を勉強しないと正当な評価ができないと思いはじめていました。

## 『婦人論』に出会う

ベーベルの『婦人論』（一九二九年、改造社）もこのころに読んで非常に感激しました。当時はまだ、女というものが馬鹿にされ、本来的に能力が劣っていてしょせん男にはかなわないという考えがあったと思うんですが、ベーベルを読んだときに固定観念がくつがえされる痛快な思いがしました。ボーボワールの『第二の性』では女性自身の性の意識にまで食い込んでいる差別意識にショックをうけました。

## 女子学生の悩み

一九四八年に女子学生の三期生として東京大学に入学しました。二年目に専攻をきめる制度のときで、国史学科にしました。エンゲルスの『空想から科学への社会主義の発展』やマルクスの『経済学批判』の序説などを読み、社会が法則だけで動くのだったら研究する意味がないけれども、人間の力で歴史が動かせると思ったことと、藤間生大の『日本古代国家』（一九四六年、伊藤書店）を読み、私のような者でもこうした戸籍などの地道な史料を分析することによって真実を発見することができるのではないかと思ったのがきっかけです。研究室では石母田正の『中世的世界の形成』（一九四六年、伊藤書店）での論点と鈴木良一の批判をめぐって上級生がものものしく研究会をやったりしていました。専門学校と旧制高等学校の教育はかなり違っていて、基礎学力は女子大生もそんなに劣っていなかったと思うんですが、問題意識が違っていて、旧制高校の人たちは高校時代から専門の研究書を読んでいて議論なども慣れているわけです。私のように一年目は文学科で二年目にようやく歴史に来た者にとっては、すごく自分が劣っていると感じて苦しみましたね。おまけにドイツ語を習っていなかったので、アウフヘーベンとかやたら使われる言葉が分からなくて悔しい思いもしました。

女子学生はまだ珍しい存在で、国史学科ではじめての入学で二〇人中二人ですから、何をやっても珍しがられる。研究会で発言するといっせいにみんなの目が向けられる、お酒をちょっと飲めば、「西村さんは大酒のみ」と評判がたつし、そういう不自由さがありました。女子学生が酒を飲んで議論するのなどあたりまえになった今では考えられませんね。

## 学生自治会の委員

国史学科に入るとすぐ、先輩に勧められて文学部の自治会委員になることになりました。前の年の自治会委員長が女性で、次の自治会にも学部の一〇％を占める女性の代表が必要だということでした。委員になってすぐに戦後初の大学の自治にかかわる大学二法案反対運動があって、法学部をのぞいて全学がストライキをやり、文学部ではあらかじめ委員たちが共同責任を申し出たため、全員一年間の停学処分を受けました。新聞には紅一点で出るし、家のなかはひっくり返る騒ぎになって父とは口をきかない状態がつづきました。大学に行っては恋愛などもあり、一日一日いろんなことがおこってその決断を迫られるなかで、もうワッと叫びたいような気持ちでした。そのころ私は「たったひとりで大地に下りたった気がする」と書いています。

## 国民的歴史学への参加

私にとって大学二年は激動の年で、すすめられて民主主義科学者協会東京支部歴史部会の委員になりました。翌一九五〇年には国民的歴史学が提唱されて、私は林基《もとい》さんのもとでその活動をしました。労働者と市民のための歴史教室を開いたり、川崎の労働者サークルや松屋デパートの店員のサークルに行き、松屋では井上清の『日本女性史』（一九四九年、三一書房）をテキストにして講義をしました。中世史の友人、池永二郎さん、福田栄次郎さん、夫の矢代和也と私の四人で新見荘の史料を読んで農民の戦いをえがいた紙芝居をつくったりもしました。国民的歴史学はまもなく反省期に入りましたが、国民の解放の課題と結合して歴史学を研究する立場は今も私のなかで生きています。

卒業論文では島津荘の研究をやりました。同じ国史学科の犬丸義一氏から女性史をすすめられましたが、そのころは女性であるから女性のことを研究するのは、自分の研究を狭く限ることだと専門にするのを拒否していました。変革期に関心があり、一般に問題関心が集中していた封建社会の成立期がいつで、どのような経路を通って成立するのかに関心を抱いていました。史料編纂所の影写本を書き写すのに時間がかかり、惣地頭制の分析が精一杯で、一番下積みの農民の問題、在家の問題などが課題として残りました。

卒業の直前、一九五一年の末に皮膚癌になり、二三歳の寿命かと思ったこともあります。手術後も病院のミスによる大量輸血が原因で急性肝炎になり、なんとなく体調が悪い状態がつづきました。

## 高校非常勤講師一二年

### 高校教育に燃える

卒業を控えてなんとか就職しようと懸命でした。でも、東京大学などでは教授は大学に残る二、三の学生を除いて就職の世話はしない、まして女子学生の就職などまったく念頭にない状況でした。就職に関しては専門学校の方がきちんと世話していたと思います。そのうえ、思想差別の厳しい時代でしたから、農業総合研究所など口をかけたところは、全部内定後にだめになりました。そういうなかで、友人の世話でようやく一九五四年から、京華女子高等学校に非常勤講師として勤めることができました。最初は国語と日本史と合わせて八時間でしたが、のちには専任の持ち時間に近い一六時間を担当しました。京華には場所柄からいって、早稲田大学出身の人や東京大学、東京教育大学の大学院生などが大勢講師に来ていて、学問と教育に情熱を燃やしている若い教員たちが集まっていました。学園の民主化と新しい教育のために絶えず話し合って、一所懸命でした。バセドー氏病のひどいときもすすめられた入院を断って勤務をつづけました。非常勤講師懇談会をつくって要求を出すこともしましたし、組合にも参加していました。

結婚を挟んで七年かかって病気が治り、何度も専任化を要求しましたが採用されませんでした。次々に周囲の人が専任になっていくなかで、非常勤一二年目のとき、入ったばかりの社会科の講師がいきなり専任に指名されました。ショックを受けて主事に理由を聞くと、「西村さんを入れたら組合が強くなるからできない」と言われました。これは組合活動の自由、憲法の思想信条の自由を侵害しているということで抗議し、非常勤講師の会の人たちや組合が熱心に運動してくれて、一九六七年から、非常勤講師一二年をへてようやく専任になりました。学内でもっとも組合の弱い商業高校の国語の専任、別姓は認めないので矢代という名前でした。はじめて手にした月給袋の重かったこと、私はこれで、たとえ夫にどんなことがあっても子どもの二人ぐらいは抱えて生きていくことができるという、なんともいえない安心感を覚えました。

## 専任になれた喜び

京華商業高校は男女共学で、女子教員は体育の先生と二人だけでした。女子のために放課後、井上清の『日本女性史』を教えたり、当時、性に関する著書で有名だった産婦人科の医師を呼んで、父母男女生徒参加の下に講演会をするなどいろいろなことをやりました。六九年という年には、この学校でも全共闘が荒れ狂って、教員と生徒の協議会をつくって沈静化に努力し、一段落したのちに退職しました。理事会から組合が強くなると毛嫌いされていた私は、辞めるときにはなぜ辞めるのか、あなたが辞めると商業高校の核がなくなると、惜しまれて去ることになりました。

家庭生活も共闘

## 待ち望んだ出産

夫との出会いは、私より二年遅く一九五〇年に入学した矢代和也を国史研究室に迎えたときです。高校職場、研究会、学会活動を共にする間に自然に寄り添って、五七年に結婚しました。「家事育児のことについて相談しましたか」とよく聞かれるんですけれど、彼が恋をしていたときに、相手の人は体が弱いし、研究者として生きていこうとしているんだから、彼女と同じに料理も洗濯もしなければ、という話をしたら「もちろんやる」ということだったんです。

結婚当初、私はその彼女よりも体が弱かったし、研究者としてやっていきたい気持ちもあったので、改めて相談することもなくスタートしました。まったく半々で家事を分担しました。七年かかってバセドー氏病が治ったあとも、流産の癖に悩まされ、結婚一〇年目に子どもに恵まれました（病中にみごもったときは心臓喘息をおこして死線をさまよいました）。二人で待ち望んでいた子どもだったので、ひたひたと暖かい波が打ち寄せてきて、そのなかに浮かんでいるような幸せな気分で第一子を迎え、第二子にも恵まれました。

## 乳児を育てるということ

出産すると、家事育児は今までのような分担ではいかなくなりました。母乳で育てようとしたので、私は勤めからすっ飛んで帰るのですが、私が帰っていれば夫まで急いで帰る必要はないわけです。夫は当時、法政第二高等学校に勤めていて、そこはまた民主教育で燃えていましたので、私がすべて終えておしめを干し終わる時間、一〇時半ごろに一杯飲んで帰ってくるということになってしまったのです。私の職員会議（のちには教授会）の日だけは早く帰って全部やってもらいましたが。夫婦間の話し合いだけでは解決できない問題、たとえば夫の職場では子どもが熱を出してもすぐに帰れる状況ではないといったこともあります。

## 夫の支え

しかし、夫は家にいるときには、料理・洗濯・子どもの世話、何でもやりました。夫が亡くなってから、息子が思い出のなかに書いていますが、「父はよく家事をやっていた。今でも思い出すのはウトウトとまどろんでいると、台所でトントンと包丁の音が聞こえてくる」と、父親のことを書いていて、「母親ほどではなかったとしても、多分に主夫的なものだったと思うと、あの世代でよくやった」と評価しています。夫は親戚などが来て私が次々に料理をつくっているときなども、そばから置いた鍋を洗って片づけてくれる、細かな心遣いというか、フォローする人でした。それは家庭のなかだけではなくて、職場や学会活動などでも同様だったと思います。そして、私が研究者として成長するのを支えようという気持ちを持ってくれていました。それでも、家事の大部分は私にかかっていて、家事育児ではたびたび口げんかをしては、「それでも今の世のなかでは俺はやっている方だ」となって仲直り、を繰り返していました。

## 保育所運動にかかわる

私は上の子を一一ヵ月、下の子を七ヵ月から保育園に預けました。公立保育園で〇歳児を預かってくれるところはなく、村田静子さんに相談して近くのクリスチャンの園長が経営していた無認可保育園を選びました。初日はとても不安だったのですが、園長が暖かく抱き取ってくれたその様子がなんともいえなかったので、安心して預けることになりました。ただ、無認可保育園は経営が大変でした。夜になると、園長・職員・父母の三者の相談会が開かれ、夫婦で参加しました。

そのうちに美濃部亮吉都政になり、無認可保育園を助成して認可保育園にする政策のおかげで、都からの援助と園長・職員・父母たちの協力で園舎を建て直し、認可保育園にすることができました。それまで個人の家で〇歳の子どもを押し入れに並べた箱に入れている状態だったのが、鉄筋コンクリート三階建てのすばらしい園舎に生まれ変わり、看護婦さんも入りました。ここで、子どもたちはのびのびと育てられていくことになりました。私も子どもから手がはなせないこの時期には保育所運動に力を入れました。この保育園の伝統である、園長・職員・父母が手を携えて運営と教育にあたる体制は、今日までつづいています。

## 女性史研究と研究者への道

### 退職した理由

上の子はひどいアレルギー体質で園を休むことが多く、下の子はすぐには入園できなかったので、留守中は同じ建物に住む母と義姉にずいぶん助けてもらいました。しかし、いつまでも世話を受けているわけにいかないと思い、一時期、家政婦さんを雇いました。私と夫の研究日を除いてきてもらった手当が六万円で、ちょうど私の給料と同じでした。でもそれは一時《いちじ》のこととわりきりました。

そのようななかで、高校教育と子育ての二つはやっていけるけれども、プラス専門研究は無理ではないかと思えてきました。私が「このまま何も書かないで死ぬんだったら、死んでも死にきれない気がする」とつぶやいたら、それを聞いた夫が「だったら学校を辞めたらどうか、一人ぐらい研究者になった方がいい」と言ってくれました。高校教員をしながら、論文一本と加藤文三ほか六名の共著『日本歴史』上・中・下（一九六五・六七・六八年、新日本出版社）と、社会発展史の連載を書いてはいました。夫も私も高校教員をしていても学問はできると思いつづけてきたのですが、無理が生まれていました。そこで、思い切って夫の助言を入れて、高校教育に未練を残しながら、一九七一年、退職願を出しました。

### 女性史研究に行き着く

それまで私は家庭の主婦が結婚すると職を辞めて家事育児しかしないのは、あまりに安易ではないかと思っていました。しかし、実際に子どもを育ててみて、毎日がこんなに大変なのだということを実感しました。やっぱり小さい子どもが二人もいれば、母親はかかりきりになる。この時期働きながら家事育児をすることができないために、女性はどうしても家庭に入らなければならないのだということに気がつきました。すると、今まで感じていなかった女性に対する思いというか、共感がひたひたと私のなかに打ち寄せてくるような気がしました。昔の女の人はどうやって働きながら子どもを育てて生きてきたのか、各時代の性差別はなぜ生まれたのかさかのぼって知りたい。困難ななかで研究をつづけるのであれば、今まで顧みられなかった女性の視点を入れた歴史研究をする方が意義があると考えました。

学校を辞めて時間ができてから、近くの山口啓二さんのお宅を訪ねて、研究者としてやっていけるかどうかを相談しました。そこで、大学の口は、短大といえども、男性と女性と実力が同等ならば文句なく男性を採る。一年といわず、半年間学界を震撼《しんかん》させる論文を書けば就職できるだろうと言われて、自分の甘さを思い知らされました。婦人学級や組合の講師などをしているうちに、翌年ＹＷＣＡ学院の社会思想史の非常勤講師になって、女性解放思想史を教えました。人物の思想と行動の軌跡をたどるかたちで近代史を勉強しました。講師室にあった『高群逸枝《たかむれいつえ》全集』（一九六六・六七年、理論社）もこのころ読んで、やはり前近代を勉強しよう、高群がやれなかった原史料・土地文書などにもとづいた女性史研究を本格的にやりたいと思ったわけです。

## 大学で教育と研究に打ち込む

幸い退職五年目の一九七五年に、白梅学園短期大学に就職できることになりました。しかし、ここでも、業績から教科書裁判関係の著書をみて、遠山茂樹氏のような激しい人と一緒に仕事をするような人は採れないと、思想差別をされました。結局、のちに学長になった田中未来先生というヒューマニズムにもとづいた社会福祉を研究している研究者が、女性史を気に入って、強く推薦してくださってなんとか採用されたのです。白梅学園短大ではヒューマニズムにもとづいた少人数教育を学校の方針として打ち出していました。とくに私が入ったころは、教員が熱意にあふれていて、そういう人に刺激されながら、教育と研究に打ち込むことになったんです。

白梅学園短大に勤めたときにはまだ下の子が保育園にいっていたので、保育園（当時は公立）の迎えでは苦労しました。大学は高校より出勤日は少ないですが、その分、出校日は会議や雑用で帰りが遅くなります。延長保育が六時まででしたが、通勤には一時間半かかり、どうしてもあと五分一〇分、間に合わないことがありました。電話連絡しても、それ以上は置けないと言われて、うちの子どもはどうなっちゃうんでしょうと、泣きたい思いをしたこともあります。

夫は大学の非常勤講師を兼任していました。東北の四年制大学に就職の可能性があったときには、私は白梅学園短大を辞めて夫について行き再出発をはかろうとしましたが、この就職は不調に終わりました。

私は一九五四年に教壇に立ってから、四四年間教員をやっていたことになります。はじめて教壇に立ったとき、自分が研究したいことを勉強して、それで給料がもらえるなんて、こんな幸せなことがあっていいのだろうかと思いました。そういう幸せな生活をずっとつづけてこられたことは、すごくありがたいことだったと思っています。短大とはいえ大学に職を得ることで、研究発表を義務づけられる場に身を置くことができました。学生と共に学び、学生の心に届く内容を研究することは、研究の励みになりました。短大生でも学生の個性と、指導のいかんによって、四年制の学生以上の卒業研究を書くこともあります。ゼミ旅行ではあらかじめその地域の女性史を調べさせて見学や聞き取りもしました。

### 学会活動と社会活動

#### 『歴史評論』の女性史特集

一九四九年から五七年まで、民科（民主主義科学者協会）東京支部歴史部会の委員をしました。病気中から子どもの小さいときを休んで、下の子が四歳になった七三年から再び民科のあとに生まれた歴史科学協議会の全国委員兼『歴史評論』編集委員を勤めました。『歴史評論』では、七二年に婦人研究者問題を特集しその座談会に参加しました。六六年に近代女性史の特集がありましたが、七三年からは前近代・近代を通した女性史の特集号が、毎年一回出されて今日にいたっています。特集をはじめるにあたっては犬丸義一氏の努力が大きかったのです。私は最初から九八年までの委員在職中ずっと、特集号の編集にかかわってきました。二六回になります。途中、女性史に毎年特別席を与えるのはどうかとの意見が出されて、年一回の特集が立ち消えになりそうになったときも、女性史担当の委員としてひとり残ってなんとか協力をとりつけることができました。現在でも歴史の全国誌で毎年女性史特集を出しているのは、この一誌だけです。九一年には歴史科学協議会編の『女性史研究入門』（三省堂）を刊行しました。

### 女性史の研究会を立ち上げる

犬丸氏と女性史の全国的な研究会をつくりたいということを、早くから口にしながら果たせないできましたが、国際婦人年の盛り上がりを機に、脇田晴子さんのすばらしい組織力と構想力によって、七七年から女性史総合研究会が結成されました。その成果が東京大学出版会から『日本女性史』全五巻（一九八二年）として出版され、女性史の専門研究の道が開かれたことは周知の事実ですが、この研究会がいったん解散されることとなって、東京の方では、このまま分散してしまうのは惜しいということで、八〇年から、いろいろな女性史研究を総合する意味で「総合女性史研究会」と名づけた会を発足させることになりました。永原和子さんを代表に関口裕子さん・林玲子さん・村田静子さん・米田佐代子さん、私が世話人（運営委員）になり、服藤早苗さん・石崎昇子さんが事務局を担当して発足しました。私は引きつづき九三年まで世話人を勤め、九六年から代表をしています。二〇名で出発したこの会も現在では約二四〇名ほどになりました。また、それより前、七七年から前近代女性史研究会が発足しました。この会は関口裕子さん・峰岸純夫さん・服藤早苗さんと私の四人が呼びかけ人になって、古代中世の女性史研究会としてはじめたもので、現在にいたっています。

## 婦人研究者問題

国際婦人年を機に日本学術会議の方でも婦人研究者の地位に関する要望を出すことになり、女性会員がいないので各分野の女性研究者が婦人研究者問題の小委員として協力することになり、歴史の方からは私が参加しました。婦人研究者問題の委員になった学術会議会員は積極的だったんですが、学術会議の会員の合意を得るのがなかなか大変だったようです。とにかく第一回のシンポジウムのときは会場が真っ黒なので驚きました。女性がいないんですよ。いるのは私たちだけね。そのときは新聞が「ウーマンリブ、学術会議にも」とかいってとり上げましたが、それっきりでした。

私は文部省にどういうことを要望するかについて、多くの女性研究者の声を集めなくてはと考えて「婦人研究者問題研究会」というのをつくったんです。アンケート調査をしたり、研究会を開いたりしました。小委員会の内部で合意が得にくかったのは、母性保護の問題です。それは研究者問題に入れる必要がないという意見もあったのです。しかし実際は、医学の方で解剖をする人が子どもを預けられないので、おんぶして解剖することもあったぐらいですし、工学部の女性の教授の話では、徹夜で実験をしなくてはならないので、子どもはとても育てられないとのことでした。また、農学の方で、学術会議の委員が自分の分科会の会員を集めて婦人研究者問題についての意見をたずねたら、「いいじゃないか、俺たちはこうやって研究できるのは家内のお陰だということが十分に分かっていて、家内には感謝している、何もこんな困難な仕事を女がやることはない」という意見が公然と出され、賛成の人が多かったということです。私たちはまたさまざまな組織の管理職の人を招待して、女性が管理職になることへの意見を聞きました。管理職になると日本の慣習として夜に部下を引き連れて、酒の一杯もおごらなくてはならないけれど、家庭を持った女性にはできないだろうとか、いろんな問題が出されました。結局、足かけ三年かかって、一九七七年に母性保護を含む「婦人研究者の地位の改善についての要望」が文部省に提出されました。研究会の方は一段落したこともあり、先細りになって終わりましたが、この問題は日本科学者会議で引きつづきとり上げられ、学術会議でも取り組みがはじまっています。

## 家永教科書裁判

一九八二年の五月には、家永教科書裁判で女性史関係の記述に関する証言をしました。取り組みはそれ以前からで、その時期は戦後の第三の女性史ブームが盛り上がろうとした時期で、女性史プロパーの研究はまだ乏しく、協力してもらえる人も非常に少なかったんです。そのなかで文部省の言いぶんを反撃するのは、なかなか大変でした。文部省は少数意見という点を突いてくるので、論理の正当性のほかに家永氏以外の研究業績による裏づけが必要でした。私は国会図書館を訪ねて、とにかく家永教科書の立場を弁護できるような研究業績を、広い範囲で必死にかき集めました。意見書で不合格箇所五ヵ所をとり上げるのは、五つの論文を書くのと同じで、どうやって裁判官を納得させられるかと、あの手この手で苦労しました。峰岸純夫さんが最後まで応援してくださり、夫も忙しいなかで清書を手伝ってくれました。

結局、判決は江戸時代の姦通の処罰についての記述に対する文部省の不合格理由（極端なことを言って女性の惨めな状況を強調しすぎる）だけを不適切と認め、そのほかの項目では全部不合格理由を支持しました。文部省の女性史部分の検定の特徴は女性差別の存在から目をそらさせ、社会および生産労働への参加、経済的独立が女性の地位を高め、家族関係を変えることに気づかせない、という点にありました。たとえ真実でも教育的配慮が必要ということで書かせないという立場です。私は証言で、生徒たちに歴史の真実を知らせて男女で築く新しい家族、社会のあり方を考えさせるべきだということと、教科書記述のなかで女性に関する記述が極端に少ないなかでの家永教科書の優位性を主張しました。現在、教科書は、以前より少しは女性の問題を扱うようになりましたが、まだまだの状態です。女性史研究を発展させることは、教科書を改善するためにも重要です。

なお、八八年から新宿区の婦人問題会議会長として、四年間、会議を重ね、区の婦人問題行動計画に対する要望を出しました。ここでは教育における男女差別の問題や、〇歳児保育が非常に少なかったので、それを増やす助言に力を入れました。

一九八九年に夫が早世しましたが、幸いに職を得ていたので、子どもの教育にも経済的には事欠かずにすみました。

## 私の女性史研究

振り返ると私は、夫をはじめ多くの人びとに支えられながら、いろいろな運動にかかわり、子育てをしつつ、研究と教育の道を歩いてきました。女性解放のための女性史の選択は、私に歴史学への強烈な問題意識と生き甲斐を与えました。志を一つにした夫と出会えたこと、また、多くの実力を持った女性研究者が就職できないでいる現状を思うと、大学に就職できたことは、運に恵まれたと言えるでしょう。

女性史を研究しはじめたころ、高群逸枝の業績に触発されたものの、まもなくその妻方居住優位の招婿婚説《しょうせいこんせつ》に『今昔物語』の研究を通じて疑問を抱き、平安時代家父長制未成立説も『源氏物語』の分析などを通じて修正すべきだと考えました。高群説の虚構と限界についてはその後ますます明らかになりつつありますが、高群の複氏の研究、奈良時代家父長制家族未成立説が古代の女性史研究の発達に与えた影響は大きく、女性史に独自の運動法則を求めたこととともに継承すべき点もあります。私は当初からエンゲルスが指摘したように、性別役割分担が経済の発展とともに女性の地位に影響を与えるとの立場をとりましたが、最初は女性の地位を端的に表すものとして、財産権や婚姻家族関係に視点をあてました。その後は道徳、思想、意識、描かれた女性像なども研究しています。現在では、日本中世の女性の地位と役割について、性別役割、政治、経済、思想、意識、生活、習俗の各面から明らかにしていきたいと思っています。中世の女性たちが受けていたこの時代特有の性差の構造と原因を社会全体の枠組みのなかで明らかにし、そのなかで女性たちが何を考えどういう役割を果したかを知ることは、現在の私たち女性がいかに生きるかについての示唆を与えると思っています。

## 若い人びとへの期待

私たちが女性史を研究しはじめたころに比べれば、日本の女性史研究は飛躍的に発展し、海外のジェンダー研究との交流も行われています。なによりも全国的な研究会と女性史の専門誌が出され、分野別や地域の研究会、研究誌もあって、共同研究や討論の場、発表の場がつくられました。女性史総合研究会編の『日本女性史研究文献目録』I～III、歴史科学協議会編の『女性史研究入門』、総合女性史研究会が総力を結集して編集した『日本女性の歴史　性・愛・家族』『同　女のはたらき』『同　文化と思想』三編、『日本女性史論集』全一〇巻、そして本書の直前に出版された『史料にみる日本女性のあゆみ』などの諸文献が、研究の手がかりを与えています。女性解放がまだ多くの問題を抱えている日本社会で、今後以前より恵まれた研究条件を活用して、女性史を隆盛にする若いエネルギーが陸続と現れることを願っています。

（一九九八年一〇月二一日　内藤寿子・児島恭子・後藤みち子・間宮尚子聞き取り）

# 私自身の解放のために

伊藤康子

## 純粋培養の軍国少女

### 「満州」育ち

一九三四（昭和九）年に奉天市（現、瀋陽市）で生まれました。父は商社員、姉妹弟二人の五人きょうだいの次女です。祖母が初孫の姉と長男をかわいがり、私は無視されていたので、野山を一人で歩いたり読書することの好きな、いわゆる文学少女になりました。まじめで律義、反面人づき合いが下手、群れるのが苦手という性格です。

最初の記憶は、家庭では父が母を叱って母が泣いていたこと、国民学校では防空壕を掘ったことです。亭主関白の父、専業主婦の母、そういう時代と家庭に育ちました。

六年生のとき、敗戦の一ヵ月前に父が四五歳で召集されました。総入歯で白髪染だったそうですが、「日本は勝つ」以外の感じ方・考え方がなかった世代、純粋培養的な軍国少女でしたから、記念写真をとって〝いってらっしゃい〟でした。軍歌で育って、裁縫のマチ針は敵の目玉をさす心でぐっとさせ、と教えられ、なぎなた、手旗信号、通信兵になれるほどのモールス信号訓練の国民学校生活でした。

八月一五日の玉音放送は、私にはまったく分からなかったのですが、聴いて泣いた母が突然弟に「お前は男なのだからかたき討ちをしなければならない」と、きっぱり言いました。私の世代は軍国少女以外の道がなかったのですが、母の世代もすでにそうだったのですね。あとで聞いたら、「そんなこと言ったなんてまったく覚えていない」そうです。

再開された学校で、先生は「アメリカやイギリスは民主主義のお兄さんだ。お兄さんの言うことはきかなければならない」と説明しました。何ヵ月か前まで「鬼畜米英」とたたきこんでおいて。大人は信用できないと思いました。街角には日本女性が唇を真赤に塗って、自分を買う人を待ってました。頼れるのはお金しかないのか、と子ども心に思いました。侵略戦争を重ねる非民主主義の政治の結果だって、今だったら言えるけど。

翌年一〇月末に引き揚げ、広島市郊外の五日市町にあった母の実家の別荘にころがりこみ、もう一度六年生をやりました。

### 新制中学一期生

一九四七年に六・三・三制が発足、私は最初の新制中学一年生になりました。校舎がなくて小学校の講堂を四つに仕切った教室で、英語の先生がいなくて漢文の先生が教え、英語の教科書もなしで、ABC以外は何を教わったんでしょうね。私の行った学校では、少し余裕のある家庭では、私立中学に子どもを行かせたのも当然です。私は引き揚げ者だったのでむりでした。男女いっしょのクラスでも、席は左右に分かれ、視察があると男女隣り合わせに座らせる、討論学習だとロの字形に机を並べる、視察が終われば元通り。

一一月に父がソ連から帰還、翌春東京の府中市に引越し、私立桐朋女子中学に入りました。東京に来たおかげで、先生から自由主義やマルクス主義の風が吹きこまれ、修学旅行で仏像や寺院の美しさを知りました。講和条約発効は高校三年生のときですが、NHKが女学生の声を取材に来ました。七人が不安、一人がうれしいと話したのですが、放送のときは、一対一のように声が流れ、ジャーナリズムは戦後は事実を伝えると思っていたので、ショックでしたね。そして、社会問題について分かってない自分に、ひそかに悩んでました。

自分のことは自分できめよう

## 流されない自分をつくりたい

一九五三年、東京大学に入学できました。合格発表を見たとき、それまで国の、先生の、親の言う通りになっていたけれど、これからは自分のことは自分できめようと決心しました。

最初のカルチャーショックは、男の子は社会のことも知っているし、親を無視しているし、討論はできるように思えたことでした。お金もバイトで稼いでいるのに、私は何もできない……。女の子は少数なのですぐ名前をおぼえられ、代議員に選挙され、自治会活動することになってしまいました。東京大学の地震研究所がある浅間山に米軍の演習場をつくるという。「学問の自由を守れ」と反対の声を高めていきました。代議員大会でワンワン議論し、決議文をああだこうだ言い、迫力で胸が潰れそうでした。大学が学生は勉学に専念せよというようなビラを配ったので、無関心だった学生まで、自治会のビラを読んでデモ・集会に参加する結果になってしまったんですよ。

半年ぐらいすると、ラブレターが火の粉のように降ってきた。一学年二〇〇〇人中、女子学生が五〇人前後、衛生看護学科を合わせても一〇〇人くらいでしたから。私、まじめだから、「恋愛をするために大学に入ったんじゃあない」と断って歩き、断っても断っても断われなかった男性と、のちに結婚しました。伊藤忠士は、自治会活動でも日本史の勉強でも一年先輩です。

自分はどう生きるのか、が私のテーマでした。生き方を考える学問としては歴史が良い、語学に自信がないので国史学科進学をきめました。進学者むけの授業で、坂本太郎先生に「日本史を何のために学ぶのか」と尋ね、お答えは「温故知新」でした。尾藤正英助手に「坂本先生にそんなことを聞いた人間は、前代未聞」なんて言われ、男子学生に比べると、聞きたがり知りたがり屋でした。

東大本郷キャンパスの構内を相合傘で歩いていたら、そんな奴はじめてだとからかわれたり、近世農村史料調査で、字の読み方、集計から論の立て方まで教わったり、日本史の先輩に恵まれていたことをなつかしく思い出します。卒論は「会津藩初期農政の一考察」でした。

駒場祭で母に伊藤を紹介したら、父が調査機関を使って調べ、恋愛と自治会活動を理由に「勘当か、大学をやめるか」と言い渡されました。私は若かったし、お手伝いさんをやっても生きてゆける、家を出ていこうと思いました。勘当という制度がなくなったなどとは知らなかった。法律とか権利とかいうものは、どのようにして普通の人の身についていくんでしょうか。

### 恋愛で勘当を宣告されて

でも、大学の友人は「別に悪いことしたわけじゃないんだから、話し合えば」と言います。伊藤は、私が伊藤の家に来ていい、という話をつけてきてくれました。それで、こわかったけれど正面きって父と話しました。父は抵抗されるなどとは思いもよらなかったらしくて、「姉の縁談に差し障《さわ》る」、だから恋愛も自治会活動もだめなのだと言います。そしたら、姉が「私の縁談に差し支えても一向にかまわない」ときっぱり口をはさんで、私は助けられました。父は言うことがなくなって、黙って、一件落着です。

### 卒業、すぐにジューン・ブライド

卒業の年、伊藤は大学院浪人中でした。結婚するために就職しようと小心な私は考えました。教員試験は失敗、家裁の調査官は大阪に行けといわれるし、結局、フレーベル館で幼児絵本雑誌『キンダーブック』の編集者になりました。重役が姓名判断にこっていて、倉本康子という名がよかったという噂でした。入社二ヵ月で変えてしまう名前でしたが。

初任給一万五〇〇〇円、男性とは五〇〇〇円の格差がありました。総務部長が、会社のきまりだから了承してくれと言い、私はどうしていいか分からないので、ハイとか何とか言ったんでしょうね。同期の男性は一年で辞めたので、男女格差のその後は比較できませんでした。わけが分からないうちにハイというと、それに従うことになっちゃうんですね、世のなかは。

結婚式は一九五七年六月、日曜日を選ぶと会場が六月しかなくて、会費制で二五〇〇円、食べるものがあっという間になくなってしまいました。その後もお金がないので伊藤の両親の家に住みました。東京都世田谷区なのに水道もなく、私が来るというので井戸にモーターをつけ、食事は別につくりました。結婚祝に電気洗濯機や電気炊飯器をもらい、それを伊藤の両親も使いました。ラジオやアイロンはもう普及していましたけど。

伊藤の母が浴衣を縫ってくれたのに、私が着る暇がないと言ったら、伊藤が「じゃあ、週に一度は俺が食事をつくる」と宣言、金曜が伊藤の当番で、一年ほどつづいたでしょうか。浴衣はまだきれいなままで、とってあります。

周囲の理解に包まれた新婚の日々でしたが、勉強はできなかった。本を開くと眠ってしまう。子どもはしばらく抑制して、でも当時は二八歳以上の初産は危険といわれていたので、ぎりぎり二八歳で長女を生み、そのあと六年と八年間があいて、次女と長男を生みました。今は子ども三人、孫五人です。

## 仕事・結婚は両立、しかし……

職場で産休を取ったのは私で三人目、すでに五年働いていましたから、仕事を辞めるつもりはありませんでした。産休に入ったら春、自然の美しさに酔った気分でした。自然を味わうゆとりのまったくなかった二〇代だった、ということです。

福祉事務所に電話して、当時、東京都の保育園は満一歳からしか預かっていなかったのですが、生まれる子を保育してくれるところはないか尋ねました。「〇歳の、死にやすい子どもなんか、預かるところなんてあるものですか」と言われ、保育ママさんは世田谷区に二人だけしかおらず、伊藤の母に頼むしかありませんでした。まだ福祉事務所に何か言い返すことなど、考えつかない私でした。

半年すぎたころから、娘は私と遊んでくれるようになり、私は睡眠時間が削られ、職場の昼休みは居眠りの時間でした。それでも身体がまわらなくなって――今でいえば心身症ですね――ものが読めなくなり、編集者としてやってゆけない、刀折れ矢尽きたかと、退職するしか道は見えなかったのです。

## 『歴史評論』が私の大学院

子育てに専念しようとは思わず、編集技術は持っている私に、伊藤が、歴史学研究会と『歴史評論』の編集実務の仕事の話を持ってきてくれました。時間的拘束のない『歴史評論』の方がいい、給料はたしか八〇〇〇円。時間は自由になるし、子どもと散歩はできるし、歴史学ともかかわれるし、給料は半分以下でも、天国への虹の橋を登った気分。三歳の娘に、「うちのお母さんはなんで働いているの」と聞かれ、散歩の道々「パン屋のおばさんも働いてる、道路工事のおじさんも働いている、おとなは働くのがお仕事、子どもは遊ぶのがお仕事」などという問答をしていたんです。

お金はあいかわらずないので、雑誌のあいたところに新刊紹介を書いて本をもらいました。耳学問しているなかで、それなら書評を書け、そして、書き手のなかった論文も書けということになって、「ライシャワーの歴史観批判」が『歴史評論』の一九六四年九月号に載りました。のちに伊東多三郎氏が『史学雑誌』の「回顧と展望」の「日本史総説」でとり上げてくださったのを知って、びっくりしました。

というわけで、『歴史評論』編集委員会は私の大学院でした。個性と正義感の強い方々に出会い、充実した三年間でした。給料までいただき、ほんとうにもうけものですね。西村汎子さんと結婚された矢代和也さん、犬丸義一さん、米田佐代子さんたちも編集委員で、『歴史評論』がのちに女性史研究を支えたのは自然というべきでしょうか。

いつだったか、犬丸義一さんに、女性史をやらないかとすすめられたのですが、私の方は、女性だからといってなんで女性史やらないかって言われるの、という気持ちでしたから、即座にお断りしてしまいました。

一九六六年、伊藤が名古屋大学に仕事を得て、私も青春の地・東京を離れました。

女性史が私の居場所に

## 女性史が私をつかまえた

名古屋へ行くご挨拶に山口啓二さんのところへうかがったら、村田静子さんからの伝言がありました。村田さんが名古屋で福田英子について講演をされた縁で、名古屋女性史研究会にもらった新聞連載記事の切り抜きをいただき、研究会参加をすすめられました。

名古屋では、日本福祉大学にいた芝原拓自さんから、突然に「日本近代史」の非常勤講師のお話をいただき、教育実習以来はじめて教えることになりました。三歳の娘の保育所はすぐ見つかり、名古屋って何て良いところだろうと有頂天だったけれど、娘はおばあちゃんと引き裂かれ、保育所に慣れず、べしょべしょ泣くだけでなく微熱も出して、最初の一月くらいえらいことでした。

他方で五日間勉強して一コマ教えました。すごい早口なのも直さなければならないし、しばらくは上をみるか、下をみるかで、学生の顔をまともに見られなかった。半年後、水田珠枝さんが日本福祉大学の「近代女性史」の非常勤の仕事を偶然断られたので、私にお鉢がまわってきて、女性史も教えるようになりました。幸か不幸か女性史の本はまだあまり出版されてなくて、読んでつなげて、受け売りで話しました。結婚の変化について話すとき、セックスとか対偶婚とか、口にするだけでほっぺたが赤くなるのが自分にわかって、黒板に書くふりして、後ろをむいて恥ずかしさがさめるのを待ってました。よくこれで女性史を語りつづけてこられたものですね。三〇代の私はうぶで、必死で、自分として社会に繫がろうと立ち向っていました。

学生のころ第一希望の職だった教師の仕事にありつき、娘も保育所に慣れたのに、私は、自分のほんとうの居場所が分かってなかった。目の前のことにバタバタ対応しているうちに、私は毎日ほとんどしゃべっていない自分を発見しました。伊藤は忙しくなっていって私は孤独、私が話したい人、話したいことは何があるのか、これで人間なのか、――私は、自分のことを、本気で何とかしなくては、と思うようになったのです。

### 自分が解放される道筋がわかりたい

戦後二〇年たって女性がこれだけ生きにくいのなら、もっと生きにくい時代に暮らしやすさを築いてきた女性の歩みを明らかにしなかったら、私にとっての日本史学って何になるのでしょう。自分を解放していく女性史学を勉強しようと決めたのです。それで名古屋女性史研究会にも通いつづけるようになりました。

私にとっての女性史は、女性が解放されていく過程を明らかにすることで、どこでも誰でも自分らしい暮らしやすさを自分のものにしていく道筋をはっきりさせる、ということに尽きます。それは、私自身わからないではいられない要求なので、有名になるとか、大学の先生になれるとかとは無関係です。でも、ずっとのちの一九八〇年に大学の専任教員になれたのは、すてきな幸運です。

それからは、道は一筋、テーマは無限。私は、日本女性解放史を学びたい、明らかにしたいだけ、となりました。

## 名古屋女性史研究会に参加して

当時、女性史を勉強していたのは、私より少し上の世代、戦争中女学校でまともな勉強ができなかった、天皇制下でまちがった歴史、女性不在の歴史しか教わらなかった方たちでした。それに、労働組合活動やサークル活動から発展して、ほんとうのことを知りたいと思ったやや若い働く人たちが加わっていました。名古屋女性史研究会でも、みなさん時間をたっぷりかけて、執念深く女性の動きを追いかけていらっしゃいました。私はあとから参加したので、調べるのは落ち穂拾い、できる限り民衆女性の動向を追いかけたいと、新聞の投書欄や統計、行政の調査を探しました。当時はコピー機などなくて、全部手書きで写し、計算はそろばん、苦労したぶん捨てられない、なつかしい紙の山が残っています。

名古屋女性史研究会は人間関係もすでにできあがっていたのに、私は東京の研究会みたいにしか思っていませんから、何も考えずに言いたいこと言って、あとでいろいろ波風がたちました。この研究会の成果や問題点は「地域女性史の展開——愛知の場から」（岩波講座『日本通史　別巻2　地域史研究の現状と課題』一九九四年）に書いています。

当時は、女性が女性史を勉強することに対して、親切に支えようとする雰囲気がありました。でもお金にはならない。私の非常勤講師料は子どもの保育料で消え、食べたのは夫の給料でした。卒業してから今まで、収入のない年はなかったけれども。

というふうで、とにかく手さぐりで私は女性史を読みはじめ、調べはじめ、教えはじめ、自分なりの人脈と研究の基盤を名古屋で築いていった、ということになります。

## 女性史論争のころ

学問として日本女性史を研究するなら研究史からはじめるのが当然ですよね。最初は何も知らないので、とにかく本をよく読み、女性史の論文や本が何を扱っているか、どういう姿勢で叙述するのか、どう変わったか、それはなぜかを考えるしかありませんでした。たくさん読んだから、他の人がこれから探すのはたいへんだからと、内容をまとめて『歴史学研究』に投稿したのが一九七一年ごろでした。それはボツになって、かわりに女性史の研究動向を書けというので、「動向・最近の日本女性史研究」(『歴史学研究』三七六号)を出しました。ボツになったのはくやしかったけれど、井上清『日本女性史』(一九四九年、三一書房)への村上信彦さんの批判に、井上さんが反論を今するか、今するかと待っていたときだったので、女性解放の女性史以外ないと思っている私としては、黙っていられなかったことが一つ、五〇年代六〇年代の女性史研究を無視して井上女性史だけなぜ問題にするのか、が二つめの私の本音でした。女性史論争の展開は、ぜひ古庄ゆき子編・解説『資料　女性史論争』（一九八七年、ドメス出版）を見てください。

私としては、村上信彦さんの、明治の男性の封建的体質からくる日常生活の悩みを解決することが、社会的不正義解決、政治的権利獲得より求めていたこと、という主張を、『闘う女性の二〇世紀――地域社会と生き方の視点から』（一九九八年、吉川弘文館）で、実証的に反論できた、と確信しています。でも、村上さんが亡くなられたとき、戦前来の女性活動家が示された哀悼の念に、村上さんが女性の社会的地位向上を願い、発言されてきた事実への理解が不十分だった、と反省もしています。女性を無視してきた研究者・評論家が圧倒的に多い時代が長いのですから。

私には、女性解放史への熱い願いがあっただけで、論争という見通しやイメージは持てませんでした。大学院にきちんと行っていたら、研究的討論に熟達できたのだろうか、考えてしまいますが……。誰かに教えてもらいたいという気分はずっとあったのですが、現実には本があっただけ、結局、女性史はそれぞれに勉強するもの、すればできるもの、誰でもはじめてみてください、と思っています。

女性史の研究史は『歴史評論』が拾ってくれて、「日本における女性史研究のあゆみ」（『歴史評論』二八〇、一九七三年）となりました。犬丸義一さんが、「どうしてこれがボツになったんだ」と言ってくださって、私は救われた気持ちでした。長すぎてカットしたのも事実で、研究の質には言及できてないし、女性史ブームの前でしたし、私が女性史を研究しはじめたのは、時代よりちょっと早かったんですね。そのぶん、未熟でもないよりまし、私は他人より早くはじめたために、責任も感じたり、得をしたりしたと言えます。

## 戦後女性史がおもしろい

一九七〇年、学生が日本現代史を学ぶ要求を出したのに、研究者がいなくて、「女性史でもいいから」と愛知県立大学外国語学部の非常勤講師を頼まれました。県立大学の先生に「女性史のなかでどの時代がおもしろいですか、平塚らいてうが活躍した大正期ですか」と尋ねられました。女性史といえばらいてう、という常識だったのでしょうね。私は「普通の女性が動く戦後が一番関心が深い」と、何気なく答えていました。

もう井上清の『日本女性史』では不十分、と、大月書店の編集者が新しい女性史の通史を依頼してきました。教えているんだったら書けるでしょうと。私は「すぐにはむりだけれど、唾つけられたということに」と返事して努力し、戦後だけで一〇〇〇枚くらいになったので、大幅にカットして、『戦後日本女性史』を一九七四年に出版できました。書く間、私のまわりは年鑑、本、雑誌、新聞の切り抜きが渦をまいて、私はそれを順序だてて並べる役を果たしただけというところでしょうか。大学で学んだ、文献史料による実証、論理的に構成、読者にわかるように叙述、を形にしたのです。大月書店の編集者は、私の文章や史料の引用の仕方について、主語述語の関係、なぜこの問題をここで書くのか、などと私をしごいてくれました。本来編集者とは、このように書き手と共同して本づくりをするもの、ということも教えられました。『戦後日本女性史』は二刷まで出ました。

私は、偶然の顔をしてチャンスが来たとき、一貫してパチッとつかんだ、と思います。そのとき、後ろに引かなかっただけ、うまくできないことも、そのときの最善を尽くしただけです。それは、自分のために女性史を勉強したからでしょうね。自分を解放できるように必死になれたんでしょうね。だからつづくのでしょう。

戦後女性史の研究者は増えていません。私も女性解放運動にかかわることなら、近現代ともに関心があります。私自身の天皇制のマインド・コントロールからの解放ということもあって。現代史は現実の利害がからむし、経済は複雑になるし、史的唯物論に限らないかもしれませんが、理論への関心が弱まったら現象の通史的整理はむずかしいですよね。

戦後を研究するのは気力がいるから、若い人に挑戦してほしいと、切に願っています。

## 地域婦人会史を書く

私は、名古屋市教育委員会社会教育課婦人係にいた中山恵子さんから地域婦人会の歴史を話すよう、書くように頼まれました。戦前から戦後にわたる新聞記事や統計や聞き書きや行政資料を集めてみると、結局、実質的には占領軍や行政が戦前の衣裳を捨てさせながら、また女性労働者の平等要求をにらみながら、利用しやすい婦人団体を育成しようとした、という筋がみえてきたのです。また、自分を偉くみせたい女性が、自分の思うように書かないなら自分の持っている資料を提供しない、とか言うし、そのときは本当に腹を立てました。私は黙って、史料に語らせながら、指一本させないつもりで、とことん実証的に地域婦人会の歴史をまとめました。

前近代と違って、近現代史の史料はたくさんあり、隠された部分、表面だけ文章だけ飾られた部分にまどわされない、日本史研究者であることがためされます。戦前に、私は天皇陛下バンザイと死ぬつもりでいたほどだまされていたわけですが、現在でも気がつかないうちにコントロールされてないとは言えません。女性は、意図的に隠そうとすることは少ないかもしれないけれど、全然ないとも言えません。だまされるのでは科学者としてまだ不十分ということですね。

のちに地域婦人会の育成過程は研究論文にして、『歴史評論』に載せていただきました（三七一・三八一号、一九八一・八二年）。研究論文とは別に、たくさんの方に読んでいただくものを書いて、女性の社会的地位や解放過程を知ってもらわないと、何のために女性史を勉強したかということになってしまいます。話をするのは得意ではないので、そのぶん、分かっていただく工夫はしているつもりなのです、他人様からみると、そう見えないかもしれませんが。

女性史のつどい

**女性史のつどいの出発**

平塚らいてう展を愛知女性史研究会が中心に実現させた二年後、一九七六年夏、歴史教育者協議会全国大会が名古屋で開かれ、来名された愛媛の女性史サークルの方と愛知女性史研究会員が交流しました。愛知は地理的に日本の真ん中だから、全国的な女性史交流の場を設けてほしい、と要請されたのです。これが女性史のつどいの源流です。

一九七五年国際婦人年、つづく国連婦人の一〇年というときの流れは、地方自治体の革新の流れのなかにあり、国だけでなく、愛知県・名古屋市にも女性行政の窓口を設けさせ、中山さんは名古屋市婦人問題担当室の初代室長になりました。愛知女性史研究会は、一九七五年に『戦後愛知女性史年表』を自費出版し、歴史はなかなか書けない、となっていました。私は一九七七年春に『日本の女性史』という通史を学習の友社から出版できて、ほっとしていました。一九七〇年代は第二期女性史ブームとよばれ、日本女性も女性史も、上げ潮の雰囲気にあったのです。それに名古屋には勤労婦人センターという施設ができて、ここはタダで使えるので、お金がなくても集会ができそうでした。

予備調査というかたちで、全国の女性史の単行本の著者と、女性史学習集団に手紙を出しましたが、研究者からはほとんど反応がなく、地域で女性史に深い関心を持つ人から、女性史のつどいをやってもらえればきっと参加するという返事が来ました。女の人はお金ないんだし、高い交通費を払っても、それ以上のものを持って帰ったと思える内容づくりが次の課題でした。

中嶌邦さんのお話は絶対プラスになるからお願いしてみては、と推薦がありました。高橋三枝子さんは、北海道の民衆女性の聞き書きを出版していらしたので、話がききたいとお願いしました。大阪女性史研究会からはやりたいと申し出があり、地域女性史集団を誕生順に並べて、古い方から報告をお願いしたりしました。報告者にせめて交通費を払うことも、報告書をつくることも考えつかず、資料代が五〇〇円。それまで女性史を勉強するのも、本つくるのも、みんな自己負担でしたから、参加者にも同じように考えて、ずうずうしいというか、社会的配慮に未熟というか。それで、「今、女性史といわれるものをすべて学びたい」と思っていたのですから、いい度胸です。要するに、井の中の蛙が、あとさき考えずに、猪突猛進でした。数十人と思っていたら一五九人集まりました。終わりよければすべて良しでした。

つどいで印象的だったのは、近代の新聞も自治体史も遊廓と女学校のこと程度しか書いていない、聞き書きをしなければ女性のことは分からない、という強い主張です。そして、新聞などは男の眼で書かれているので、それで年表をつくっても疑問があるという問題提起がありました。それに対して、愛媛の女性史サークルの渡部冨美子さんが、「事実を意識的無意識的に欠落させたとしても、男性の眼でしか史料がつくられなかったとしても、歴史的にまた全国のなかの地域としてつなげていくなかで、掘りおこしをすすめることができ、真実に到達できる」と、理路整然と反論されました。すごいなあ、あの人どんな人ときいたら、お茶の先生でした。

このとき、ドメス出版の鹿島光代さんがいらして、一万円の寄付をいただき、本を出すようお誘いがありました。それでのちに、山本信枝『道——ある反骨の女の一生』（一九八八年）と、私の『女性史入門』（一九九二年）でお世話になりました。女性史の本は、ブームだといわれているけれど、なかなか売れないと、お聞きしたのはこのときだったか、あとのことだったか。

## 七回を重ねた全国女性史研究交流のつどい

最初は単純素朴に「女性史のつどい」で一五九人。第二回は一九八一年北海道旭川市で、高橋三枝子さんがつどいのために東奔西走して体重を減らし、台風で洪水、北海道の農家は大被害のなかを「全国女性史研究のつどい」で約三〇〇人。一九八三年首都圏で第三回「全国女性史研究交流のつどい」四一五人、さすが首都圏で女性史研究者が綺羅星《きらぼし》のごとく、名称もこれできまりでした。一九八六年松山市で第四回、四五〇人、「ここに生き住み働き学びたたかい　ここを変える女性史をめざして」という旗が鮮明にかかげられました。一九九二年那覇市で第五回、県外から一六六人が参加し、「沖縄から未来を拓く女性史を！」とよびかけました。第六回は一九九四年山形市で七八五人、行政が大きくかかわり、女性史研究の蓄積が大きいと言えなくても、女性の熱意が一体化すれば開催できることを示しました。第七回は一九九八年神奈川県藤沢市で、六一五人。女性史と女性学と女性の現実がいっしょに学べる集会でした。

私は七回の女性史のつどいのすべてに、そしてこの間、一九八九年東京都足立区婦人総合センターでの地域女性史交流研究集会や、一九九二年戦後かながわ女性史『共生への航路』刊行記念のつどい、一九九六年アジア女性史国際シンポジウム、一九九八年ふくおか国際女性フォーラム'98女性史フォーラムなどにも参加してきました。こういう集会の情報は自分から求めなければ得られないのが実情です。行政の情報は行政ルートで流れ、研究者の情報ルート、地域女性史学習集団と個人間の細い情報の流れが統合できないのが現在の女性史の力量なのでしょうね、残念ながら。

鹿島光代さんが、五〇〇人の安定的固定読者がいるなら女性史の雑誌は出せる、と言ってくださったことがあるのですが、五〇〇人も「安定的」も見通しが立ちませんでした。職業的研究者の多い京都（関西）には『女性史学』、東京（首都圏）には『総合女性史研究』の年報があり、『歴史評論』と各地の女性センターに接していれば、ほとんどは知ることができるでしょうけれども。

**生き方としての女性史**

これまでの研究論文を高校生も読める一冊にまとめる仕事をしたとき、吉川弘文館の編集部は『闘う女性の二〇世紀——地域社会と生き方の視点から』という題をつけてくださいました。私ははずかしがりだから、もう少しおとなしめの題をつけてみたのですが、結果としては吉川弘文館の編集者の方が正解だった、と喜んでいます。私にはできそうもない闘いを生活の場でつづけた女性を尊敬してきて、地域と日本をつなげた社会のなかに位置づけようと試みてきましたから。

私たちの世代は、戦争、家族制度や地域のしがらみから解放されていく先輩や自分たちを直接知っていて、だまされていた過去と、解放されきっていない自分や周囲をどうするんだ、という実感をたっぷり持っています。愛知のきんさんぎんさんは、「いまが幸せ」と言っているけれど、私はもっと幸せになる権利を、働きぬき子育てに我を忘れてきた女性は持っていると思います。これだけ働いてきたんだから、きちんと評価されなくては。

女性史の本を読む人も、生き方のイメージを求めてきたのではないでしょうか。高群逸枝の女性史、井上清の女性史の時代はもちろん、一九七〇年代の女性史ブームは、作家の手になる人物女性史が主流でしたが、高度経済成長以来の女性が社会的労働と生涯かかわるか、「寿」退社するのか、両立できるかという迷いからの模索が読み手にあったのではないか、と思っているのですが。

現代は、女性も自分だけなら働いて食べられるようになり、結婚・出産・子育て・老後も選択肢が増えたけれど、どういう生き方をどこで考えるのか、女性史研究の方を向いて考えられていないような気がします。歴史学は大きな流れは語れるけれど、目の前のどっちをとるかの判断になると、プラスマイナス、明暗が必ずある、軽々しく信じるな、予言はしない、などというのであいまいにみえてしまいます。

女性学はその点機敏で、ジャーナリズムにのりやすい現在の諸課題にパッと取り組み、タイプに分け、イメージを標語のように表現するなど、人の気分をひきこむのが上手です。アメリカの社会学がもともとの土壌だからでしょうか。日本女性史研究と何がちがうかは、私は権力という問題を根本にすえて長い眼で検討し、実証で説得性を高めてきたのが女性史研究と考えています。

## 生活レベルでの女性解放史を

歴史を自分で調べる、まとめるのは、時間とお金にゆとりがないとできないので、普通の女性より恵まれた人がやってきたし、やることになります。でも、女性研究者も、普通の女性が賃金や社会的な評価で差別されたままなら、研究者としての平等を得にくいのは、歴史が示すところです。能力の高い人ががんばって自分だけ男性なみにすれば、かえって普通の女性が辛い話にもなります。逆に、ゆっくりでなければ仕事がすすめられない人が暮らしやすければ、誰でも居心地良い社会になるのではないか。私が今教えている短大生は、向上心や資格取得に燃える人と、むかしいじめられた、今ひきこもり、なんだかおどおどしてしまう人と、二極分解の傾向にあります。資本主義社会だから競争はつきもので、出産し子育てする女性は下積みにされた、男女が引裂かれがちという現実があります。だからこそ未来はそうならないようにと見通したいし、見通せる女性史研究でありたいと思っています。

歴史がつづくには、食べることと子どもを生み育てることの両方がなければ成り立たない。今は給料をもらって食べるのだから、非合理的な賃金の男女格差がある限り、きれいな言葉で飾られても、女性差別は解消できない。男女共同参画は必要だし、その方向にすすむのは良いことですが、女性議員を増やすというレベルにとどまったら、美しい言葉にごまかされちゃった、という喜劇ですよね。

生活レベルでの女性の解放度が、政治の動き、権力の動きと突き合わせて解明されなければ、女性史研究として質の高いものにならない、と私は思っています。生活圏の女性史は、現実には地域女性史がすすめていることなのです。でも、権力の問題を分析するのは、専門研究者の方が対応できている。それが結びつかないと。日本史学科出身の人には地域女性史はまだるっこしいとか物足りないとか思えるかもしれない、普通の女性は歴史学なんて他人事で暗記物でむずかしそうで、生活感覚とかけはなれて好きじゃないというあたりに、結びつきにくさがあるのかもしれません。

## 女性解放運動の裾野の研究を

女性解放とは、私は一般的に主権者として一人前になるという内容でみてきたのですが、自分自身をふりかえってもむずかしいことですね。

戦後、法制上は男女平等になっても、戦争はしないはずになっても、国民自身が戦争責任を問えたか、民主主義は自分で要求することなのだとわかったか、というと、こうした中身は育たないうちに、経済効率を追いかける姿勢をしみこまされたのですから。でも投票に行き、学校に行き、署名もし、発言するなかで葛藤があって、ここまできたのですから、そういう過程を明らかにすることが、今の時代に有効な中身ではないか、と思っています。

そこを切り開いた先頭に立つのが婦人運動ですが、その裾野になっていた部分、戦前の愛知県でいえば、『婦人公論』をはじめとする婦人雑誌の読者会などの活動や女性の意見は、婦人運動の土壌です。それがたっぷりないと芽が出ない。もっともっとそこらへんも調べなければならないでしょう。

史料が少ないのは苦しいですね。でも、前近代では、史料の読みを深めることで、女性に限らず民衆の実態を探ってきているのですから、それを学ばなければ……。ここ数年、愛知県史編纂にかかわって、行政文書や新聞記事を見ているのですが、女性が県民の半分いたと実感できる成果にはとてもとてもならないでしょう。行政文書では、女性の名前が出てくるのは、教育関係と税負担者、愛国婦人会くらい、新聞では芸娼妓と女学校関係、女性を性の対象としてみている度合いは、読むと気持ち悪くなるくらいです。一九一〇年代後半あたりで変わると期待しながら、でも史料を読むのは好きですから、老眼を叱咤激励しています。

## 女性史の展望はあるか

自分が解放されたい女性がいる限り、女性史に展望は絶対あります。地域女性史の担い手は高齢化しているし、集団も小さくなってます。研究職は大学が倒産するかもしれない、企業化するかもしれない、という厳しい状況ですね。出版事情も変化しているし、近未来に本を出すことはお金を出すことになるかもしれません。国際的潮流以外はプラス条件はないのかと思える時代ですね。

女性史に展望はあるか、ときかれるのは、それだけ女性史研究や女性史に関心を持つ人が増えた結果なのではないですか。三五年前なら出ない問いかけですね。女性差別はたしかにましになったし、日本全体の経済状況からも、女性が楽《らく》して生きる方がいいと安易に思えるようにもなっています。

女性の学歴もあがって、女性差別を自覚できる人が増えたはずです。定年近くなって、男女格差がこのままでは、私ってなんだったのだと思う人もいるでしょう。私たちの若いころには考えられなかった会や活動や裁判を、主権者としての眼で見て、女性史研究で支えられるといいですね。そういう人たちが、女性史の本をじゃんじゃん買ってくださると、もっといい。自分史を書いたりして、女性史の書き手になってくださると、さらにいい。私たちは、女性の民主主義度を高める研究者になっているのでしょうか。

一九七〇年代の女性史ブームは、出版社が作家に女性の歴史的存在を描かせて、時流にあって爆発的に売れました。一九八〇年代には、脇田晴子さんが発案し、男性研究者とともに『日本女性史』全五巻を東京大学出版会から刊行し（一九八二年）、次々に『日本女性史研究文献目録』I〜III（一九八三・八八・九四年、東京大学出版会）、『母性を問う』全二巻（一九八五年、人文書院）、『日本女性生活史』全五巻（一九九〇年、東京大学出版会）と重ねて、女性史学は歴史学界に無視されない存在になりました。九〇年代には、男性研究者が歴史研究に女性の存在を位置づける本を出版しても、驚かれなくなりました。つまりこれまで、女性史は発展的存在だったわけですね。

だからこれからも、といえるほど甘くはないとは思います。女性史研究が女性の要求に応える質を持つか、それに、国民の歴史離れといわれるのは何なのか、が課題かとも思います。

### 生き方に展望が持てる女性史を

自分が本当はどう生きたいのか、それを実現するにはどうすればいいいか、そう行動できる女性を育てるための、一つの契機に、女性史の叙述がなればよいのですが、女性史のきちんとした研究がなければ、それはできません。

行政は国際婦人年以来、女性施策の窓口はつくるし、女性会館は建てるし、パンフレットもたくさんつくってきました。それは当然のことだけど、現代女性史をその面だけで、行政のパンフレットだけで書いたら、バラ色の女性史になってしまうかもしれません。文献史学の実証が史料批判抜きだったら、戦時中のバラ色の大東亜共栄圏的な女性史像を描く破目になるかもしれない。女性にかかわることは建前と本音、宣伝と実態がかけ離れることが多いので、もうだまされてはいけないのです。

政府統計で、子どもの数や社会的労働について、女性の理想と現実はくいちがっています。国連統計でも、発達した工業国のなかで、日本女性の社会的地位は低いのです。日本は一九六〇年代以降経済大国ですが、生活小国、女性の地位の低い国です。女性の願いを現実に変え、自立にむかうには、山ほど変えなければならないことがあるでしょう。

地域女性史と限らなくてもよいのですが、大多数の女性の生活がどうなって、何を望んで、何を実現できたかが明らかにならないと、日本の歴史は分からない。生活は変わったし、変えられる、誰が変えるのかも分かれば、おもしろいですよね。そのあたりが、生き方と同時に女性史の展望でもあるということでしょうか。

（二〇〇〇年三月二六日　石崎昇子・河原彩・西澤直子・山村淑子聞き取り）

# 近世女性史を育てる

林　玲子

我が黄金の日々

## 西国生まれの父

父は岡山の笠岡という漁村の近くの在郷商人の長男で、本来は家を継ぐ立場でした。母は千葉の農家の長女でした。両方とも貧しい家だったようです。本当かどうか知りませんが、父方の祖父は字が読めなかったという話で、零細な商売の帳簿も、伯母が五つか六つのころ、字が書けるようになって、はじめてつけるようになって、その第一号帳簿が私の手元に残っています。もっと沢山あったのにほかは整理されてなくなってしまって残念です。

父は笠岡商業を出てから、家出に近いかたちで上京し、苦学をして慶応大学の経済学部を卒業しました。父の当時の教科書は今も残っていますが、全部外国語です。卒業後朝日新聞社に勤め、校閲の仕事をしていました。

## 東国生まれの母

母は和歌をよむのが好きで、当時、歌人・教育者として有名だった下田歌子に手紙を出したんだそうです。「働きながら勉強することはできないでしょうか」と。そしたら「自分の家では預かれないから」ということで、ほかの家に紹介してもらって、働きながら女学校を卒業したということです。母は、本当は大学へ行きたかったのでしょうが、当時の帝国大学で女性の入学を認めていたのは東北大学だけで、働きながら女学校を卒業しても、大学への道のりは遠く、進学の希望は果たせませんでした。女学校卒業後、どういうつてで入ったのか聞いていませんが、今の東芝、当時の芝浦電気に勤めて、図面書きの仕事をしていた時期もありました。

家をとびだしたような格好で東京へ出て、苦学した二人でしたが、母が父から下宿で英語を教わったのが縁で、寅年生まれの父が卯年の母と一つちがいの結婚をしたというわけです。二人とも戸籍上は明治三六（一九〇三）年癸卯生まれですが。

父母の若いときの話は大学院同期の石井寛治さんと何回か聞き取りをしているので、いずれ「西と東の明治・大正」というような題でまとめたいと思っています。

**男の子だった**

そのような二人の長女として私が生まれ、私がひとつのときに、今住んでいる東京世田谷区奥沢でお寺の地所を借りて家を建てたんですね。田んぼには向かない土地だったようで、畑やあし原がつづいていて、周りにはほとんど家などなかったそうです。東京府下荏原郡玉川村字城前というさびしい農村でした。敷地も広く借りたほかに、農家からも畑を借りて、果樹や野菜を栽培していました。三つ下の弟、その下に二つちがいの弟、そのあとに妹が生まれたのですが、妹は小さいときに日本脳炎を患って、学校へも行けず、病院暮らしが長くて二年前に亡くなりました。

近所には男の子が多くて、私が遊ぶのは男の子ばかり、人形ごっこやあや取りのような女の子の遊びを知らないんですよ。着るものも男の子と同じような格好で、せいぜい色がちがうくらいで、木登り、屋根の上の鬼ごっこ、相撲みたいな取っ組み合いではしょっちゅう弟を負かしていましたよ。九品仏のお寺も昔の方が賑やかで、墓場で肝だめしなんかもありました。家のなかや庭には犬、猫、鶏と動物がいっぱいいました。近くに動物研究家で『動物文学』という雑誌をずっとだしている方がおられて、私も動物が大好きなものですから、ずっとお付き合いがつづいているんですが、「我が〝黄金の日々〟」という文章をその雑誌に載せていただいたことがあるんです。そこにも書きましたように、自然のなかでの動物たちとの交わり、思いっきり遊びまわった幼年期は、まさに〝黄金の日々〟でした。

## 庶民育ちが誇り

一九三〇（昭和五）年二月生まれの私は、小学校入学は一九三六年で、その翌年日中戦争がはじまり、小学六年生のとき太平洋戦争がはじまるという、軍国主義教育を受けた戦争世代なんですが、小学校のころは戦争にとくに強烈な記憶というのはないんです。通っていた八幡小学校までは三〇分くらいかかったのですが、勉強しなさいといわれることもなく、自然のなかを遊びまわっていました。ただ、家には本が沢山ありました。円本（一冊一円の叢書本。一九二五年〜三〇年ごろ流行）が多かったですが、手あたりしだい読んでいました。でも、夏目漱石を読んでもちっとも面白いと思わないし、島崎藤村の『夜明け前』を読んで、どうしてこれが名作なんだろうなんて思ったりしてね、小学生ですから。

母は、学問もしたかった、職場の経験もある、でも当時のことですから専業主婦にならざるをえませんでした。ほんの一時期、お手伝いさんがいたこともありますが、ほとんどひとりで家のことはやっていたようです。母からは「女の子だから」という教育をされたことはないんです。それと、東京で育ったことがよかったと思いますね。近くに親類もないし、まわりが干渉しない。「そんな育て方をして」などと親が干渉されることもなかったでしょうしね。新開地に土地を借りて、やっと家を建てた貧しい家の子でよかった。庶民の子でよかった。これは強調したいですね。大地主の娘さんはそんなわけにはいかなかったのを知っていますから。

## 学徒動員

女学校は一九四二年に府立第一一高等女学校、現在の都立桜町高校に入学しました。二年後期になると一ヵ月おきに勤労動員がありました。そして三年の七月に、岡山県倉敷の伯母をたよって疎開しました。ここではすぐ学徒勤労動員で、二手に分かれて動員されました。飛行機をつくる工場に動員された組と、被服廠《ひふくしょう》の支廠で軍服をつくる組とで、私は軍服づくりを敗戦までの約一年やりました。ベルトにとめガネをつけてかんぬきを入れるという作業で、手が痛くてね。それからボタンつけ、袖かがりとかね。一年の間に、軍服の質が悪くなったことが、目に見えて分かるんです。飛行服の裏には毛皮をつけるんですが、犬の毛皮じゃないかと思われるようなものになっていくんです。そのうち被服廠も疎開ということで、建物の瓦はがしまでさせられましたよ。家から一時間以上もかかるところを、ひとりで歩いて通っていました。そのころ父は朝日新闘社をやめて地元の企業に勤めていましたから、一台しかない自転車は父が通勤に使っていましたし、タイヤの配給もありませんしね。歩くしかないんですよ。

動員先の工場では、門を出るまでは団体行動で、身体検査をされるんですよ。布や糸を持ち出させないためなんです。空襲を受けた直接の体験はないんですが、空襲警報はしょっちゅうでした。近くの田んぼには、爆弾が落ちたあとの大きな穴があいていました。防空壕もありましたが、一番いい防空壕に入れるのは軍人さん、その次はその壕を掘った女工さん、生徒は資材置場の材木の陰に避難するんです。少年・少女の命なんてどうなってもかまわないということなんでしょうかね。それでも、ひどいと声をあげたりはしなかったですね。軍人さんを格好いいと思うように教育されていましたから。

引率の先生もつらい立場におかれていたと思うんですが、今でも忘れられない先生がいらっしゃいましてね。西崎先生という国語の先生なんですが、私が動員先で演劇全集を持っているのがみつかったとき、何もおっしゃいませんでした。当時は、学生の読む本は厳しくチェックされていましたが、とがめだてはされませんでした。西崎先生といえば、もう一つ、心に強く残っていることがあるのです。『伊勢物語』です。一時、学校工場で働いていた時期があって、昼休みに、黒板に「昔、男ありけり」なんて書いて、みやびとか、男女の愛とか語ってくださるんですよ。戦争に勝つためにという教育ばっかりだったから、うれしかったですね。西崎先生のせいいっぱいの生徒への思いやりだったんでしょうね。

## 思い出を記録に

学徒動員の記録はぜひ残したいですね。今記録しておかないと、資料も証言もなくなってしまいます。私たちはそういう経験をしていますから、今でも結束は固いんです。地元倉敷での同期会のほかに、東京でも同期会を開いています。なるべく出席して、記録集をまとめるようすすめているんです。でも、私は転校生ですしね、どなたかやって下さる方がでてくれるといいなと思っていたのですが、倉敷の方で動きがでてきたというので喜んでいるんです。

倉敷高等女学校四年の八月敗戦で学校へもどったわけですが、学力のほうは惨憺たるものでしたね。勉強は何もしてこなかったんですから。動員ばかりでね。とくに英語はほとんどやってない。先生も、あなたたちは何も知らないからやり直しだと言って、一年下の学年と同じ教科書を使わせられたんです。で、先生たちはひどいということで、体育館で集会を開いたという記憶があります。

五年になって芸能、家庭、文科、理科の四つに組分けがあって、理科にはいりました。戦時中に『伊勢物語』をおしえてくださった先生は文科でしたし、文科も嫌いではなかったんですが、いずれ東京に帰って進学したかったので、理科をやったほうが有利だと思ったからです。それと、父が英語を家で教えてくれました。男子の旧制中学とは、教科書からして歴然と差があった時代です。学校だけじゃやだめだと言って、旧制中学の教科書を使って毎日父から英語を教わったわけです。

働きながらの学生生活

## 女高師物理に

東京女子高等師範学校理科に入学したのは一九四七年四月です。東京女子大学の英文科も受けて合格したのですが、女高師のほうが学費が無料なので入ったんです。そのかわり卒業したら先生になる義務がありましたが、それはすぐになくなりました。入学してからも英語には苦労しました。まわりもみんな同じようなもので、英作文なんてとんでもない、ローマ字で書いちゃえばいいなんて声まで飛び出すくらいで、いまの中学生にも笑われてしまいそうですね。先生も、とにかく丸暗記でいいからと、一学期で一年分詰め込まれた感じですね。一方、暮らしのほうはアルバイトばっかり。東京へ出てきたものの、貸してあった世田谷の家は明け渡してもらえず、父たちは一時期八王子に住んでいて私は世田谷で隣りの家に下宿させてもらって、学校に通いました。

三年から物理選修に入って、卒業のときは理科と数学の免許状をもらいました。そして化学の先生になる予定で勤める学校も決まっていたんですが、理科を一生やる気がなくなり、文科にもどってやり直したいと思って、東京大学の文二、今の文三にあたるところを受けました。受験勉強は、理科は現在勉強しているからと、文科系に集中してやりました。

## 東大駒場時代

東京大学文科二類に入学したのは一九五一年、女高師卒業の年です。家庭の経済状態からいえば、就職したほうがよかったのでしょうけど、勝手に選んだ道をすすんでしまいました。そのかわり入学金、授業料はじめ生活費もすべて自分で働いたお金で賄っていましたし、家には食費を出していました。奨学金とアルバイトで。家庭教師を二つ週六日、そのほか列車のなかでのアイスクリーム売りとか、いろんなことをやりました。弟たちもあいついで東大に入りまして、これもみんな奨学金とアルバイトです。父は戦時中に朝日新聞をやめて、東京へ帰ってからは品川区史とか塩業史とかにかかわっていましたが、正規の仕事ではありませんし、学生の下宿や小さな駄菓子屋をやったりして切り抜けてきたんです。私の入った年、東大には全部で六二人の女子学生がいました。私が最初に入った文二は女性がわりに多くて、クラスに四人いました。そのうち経済学をやりたくなって、文一に移ります。でもよい点数を取っていなければ移れないということで、語学の授業は休めない。アルバイトはどうしても夜になってしまうんですが、とにかく文一に移ることができました。

教養学部在学中に「世田谷郷子供会」という、のちにセツルメントの組織に入った引揚げ者の人びとの子どもさんと付き合う会に参加しました。今でも当時の仲間たちと私宅での研究会で会っています。

## 学生運動の毎日

経済学部では経済史を専攻しました。経済のなかでは女性の多い分野です。安藤良雄ゼミに入っていました。

学生運動のさかんなころで、ゼミ以外の授業はずいぶんサボり、全学連の中央執行委員もやりました。卒業の年一九五五年はすごい不況で、就職口がないんです。朝日新聞に入りたかったけど一人も募集しないんですよ。男の人の就職もたいへん厳しい時代でした。東京大学で社会科の免許状をとることができて、教員になろうと思って、東京都の教員試験を受けたんですが、落ちてしまいました。東京都の社会科の試験は、数十人に一人ぐらいしか受からないという時代でした。それなのに教員採用試験のための勉強は全然していなかったんですからね。それで長野県の南佐久の農民組合の書記を一年ちかくやりました。一時、前進座の仕事をやったこともあります。

## 流人帳と出会う

翌年（一九五六年）、再び都の教員試験をうけて受かりました。ところが都内の就職口はまったくなし、中学校でもとってくれない。ようやく三宅島ならということで、六月に都立三宅高校に社会科の教師として赴任しました。日本史、世界史、政経と受け持たされたのですが、世界史なんて苦労しましたね。その高校では一、二年からの持ち上がりクラスでも、女の先生には最上級生を持たせないんです。教員住宅に住んでいたんですが、高校教員は単身赴任が多かったですね。当時の三宅島は水が不自由で、雨が降るとそれを溜めて使うんです。風呂はかわりばんこにわかすことにしていました。わかした家の人から先に入るきまりになっていたんですが、鹿児島県出身の男の先生がいて、女の入ったあとの風呂になんか入れるかなんていわれたりしてね。全学連で執行委員をやったという情報がすでにいっていたんでしょうね。いっしょに行った同期の若い生物の先生と組合運動をやろうとすると「試用期間だから」と校長がおさえにかかるわけ。でもここより悪いところないんだから、「飛ばすんなら飛ばせ」てなもんで開き直ってね。そうかと思うと、「何で早く結婚しないのか」なんて言うんですよ。島には三年近く勤めました。離島は三年というのが普通でした。本はよく読めましたが、これでよいのだろうかという焦りがいつもありました。そこで流人帳《るにんちょう》に出会うことになったのです。三宅・八丈の流人帳を借りてみてみると、そこには無宿であるというだけで遠島になった男たちが、帰れないまま病死していたということが書いてありました。遠島刑にはテレビドラマのように期限つきはありません。私は、経済学部で古文書は勉強していないんです。最初は初歩的な崩し字さえ読めませんでした。当時の三宅島は、夜九時になると電灯が消えてしまうんです。打ち寄せる荒波の音とランプの炎の下で、いつしか夢中になって写しはじめていました。もう一度歴史の勉強をし直したいと思うようになった動機のなかで、やはり流人帳から受けた衝撃は大きかったですね。

二足わらじの大学院生

**数学教員六年**　三年たって都内に変わりたいと希望を出しましたら、化学と数学の口がありました。化学はとくに有機化学が苦手でしたし、実験なんかで爆発があると命が危ないと思って、定時制高校の数学の教師になることにしました。私は高校と中学の理科と数学と社会科の免許状を持っているのですが、社会科の口は一つもないんです。男でも都内に社会科の教師として入るのは難しいといわれて、女性であるために不利な扱いを受けなければならないことを、思い知らされるわけです。こうして江戸川高校小岩分校（定時制）の教師になって都内にもどりました。一年間受験勉強をやって、東京大学大学院の試験を外部の人と同じ条件で受けて、経済学研究科で日本経済史を勉強することになります。東大の学部を卒業してすぐなら、いい論文を書けば大学院に入れた時代ですけど、一度外へ出てしまいましたからね。とにかく大学院に入ることができましたが、数学の教師は六年間やりました。その時期の教え子で今でも年賀状をくれる方もいますが、彼らにとっては、私は数学の先生なんです。当時の同僚のなかには、面白い人がいっぱいいますよ。昼間の高校より定時制でこそやりがいがあるといって、ずっと都立定時制にいて、流通経済大学で付属高校ができてからは、そこで最後には教頭をつとめてくれた高柳昭治さんは、同じ数学を教えていた仲間です。旧一高・東京工業大学で勉強し、教員をしながら東京大学に入学、教育学部に進学されましたが、私と同期入学ということは当時おっしゃらなかったので、最近になって知った次第です。コンピュータにも英語にも堪能で、古文書もやりたいというので、研究会をいっしょにつづけています。

大学院での指導教授は山口和雄先生で、のちに三井文庫の館長になられた方です。友人もみな近代の研究家でしたから大学での共同研究はすべて近代に限られ、私も不得意ながら明治・大正期に取り組みました。もっとも修士論文は近世を対象にしましたので、個人の調査や他大学の方たちとの共同研究は江戸時代が中心でした。そもそも近世・近代と分けるのがおかしいと今では思っています。

**流通史研究**

修士論文は「白木屋文書」で書きました。数学の教師として夕方までには学校へ行かなきゃいけない、遠くへ史料を探しに歩くことはできません。だから東京大学経済学部で所蔵している「白木屋文書」に目をつけたんです。写真もコピーもとれない時代で、全部手で書き写すしかありませんでした。日本経済史のなかで流通史に着目したのは、早いほうではなかったかと思っています。ただ、夜は定時制の教師をやっているわけですから、大学院の五年間、二足のわらじをはいた生活がつづいたことになります。定時制の給食でコッペパンと牛乳びん一本がでるんですが、食べないことのほうが多くて、食事らしい食事というのは夜一二時近くになって家に帰ってからという生活でした。

博士課程にすすんでからは、史料を求めて調査にでかけることも多くなりました。当時、高校の教師は、週のうち一日は研究のために使える時間がありました。修士論文で扱ったのが江戸の呉服問屋白木屋（本店《ほんだな》は京都にあった）で、関東産の絹織物の流通経路を調べるために、歩きまわりました。そのころ、群馬県の農家のおばあさんから、手織りの絹の布の切れ端をわけてもらったことがあります。固い肌ざわりと色あいは麻布のようで、とても絹織物とは思えませんでした。私はその布を手にしたとき、関東絹が京都へ送られ、練《ねり》・染《そめ》・張《はり》の仕上げ加工をして、江戸へ下ってくることの意味を知りました。そしてこれを織った近世の農家の女性が、美しく仕上げられた絹織物を着ることはなかったのだということを考えないわけにはいきませんでした。こうして群馬や埼玉などの流通史料をもとめて歩きまわって、経営帳簿の解読に熱中したりして、史料調査の醍醐味を知るようになっていきます。

## 私大に就職

大学院博士課程を終えたのが一九六五年で、ちょうど流通経済大学ができた年でした。そこの経済学部の助手として採用されました。就職後二〇年ほどは女性教員は私一人でした。この大学は現在はすべて公募で教員をとりますから、その後女性の方たちも増えましたが、ほかの大学に移動されてしまう場合も多く私が辞任したあとは二人でしたし、その後も経済学部の女性教員は三〜五人ぐらいだそうです。

大学では最初は助手ですから、授業は持たず調査に時間が使えました。大学改革の嵐のなかで制度が大きく変わり、選挙で学長以下役職がきまるようになり、私も教務部長・図書館長・経済学部学部長を歴任いたしました。教授会選出の理事も大学を辞める前年の五月まで勤めましたが、学長がしっかりしておられるので学外の各種の仕事がかなりあってもなんとかしのぐことができました。ただ卒業生はほとんど企業に就職してしまいますので、いっしょに研究活動をつづけることはできませんでした。

非常勤で東京女子大学・都立大学・法政大学・お茶の水女子大学・東京大学などの大学院・学部の教員をしましたので、現在の研究会や地方自治体史ではその当時からの人脈がつづいております。

一九九四年に流通経済大学を退任してその四月に名誉教授（七人目）にしていただきました。二九年間勤め、本来なら翌年定年までと思っていたのですが、江戸東京博物館の研究員で館長直属の仕事というお話があり、学会や研究会のお仲間もおられるので移った次第です。

その前に世田谷の一〇〇坪以上のボロ家をこわし、ライトバンで勝浦の別宅に父と二人で一〇回以上も荷物を運んで引越しをしたり、大学を辞めるにあたって本を一年がかりで茨城から世田谷にかついで運んだり、勝浦で二軒の普請をするなど、だいぶ無茶をやりましたので、すっかり身体をこわしてしまいました。

## 流通史から女性史へ

なぜ女性史をやるようになったのかと聞かれるんですが、じつは女性史はだいぶあとなのです。最初は商品流通史でした。博士論文は『江戸問屋仲間の研究』で、御茶の水書房から出版されたのは流通経済大学に行ってからの一九六七年になります。女性史というかたちでまとめたものとしては、『人物日本の女性史』第一〇巻に載った「江戸期の女性群像　江戸期女性の生き方」(共著)がはじめてだったと思います。一九七七年に集英社からでたもので、執筆者は作家の方が多かったですね。いま私が自宅でやっている研究会のなかで一番古いのは、「近世女性史研究会」です。代表者は私ということになっていますが、事務を引き受けて下さっている菅野則子さんが、じつによくやってくださって記録もきちんととってありますがもう二〇年以上もつづいています。小田原、静岡など遠くから来られる方もあり、手づくりの御馳走を持ち寄ったりして楽しいですよ。この研究会では、『論集近世女性史』を一九八六年に、『江戸時代の女性たち』を一九九〇年に、いずれも吉川弘文館から出版しました。そのあと、中央公論社から『日本の近世第一五巻・女性の近世』を私の編でやらないかと頼まれましたので、研究会のメンバーに声をかけたら、一二人の方が手をあげてくださいましてね。冬の章、春の章、夏の章、秋の章という構成を考えていたものですから、ちょうど分担するのにぴったりの人数で執筆していただきました。私は序章を分担して流人のことを書きました。厳冬の章ということになりましょうか。男の人は、ばくちが大半ですが、女の流人で一番多いのが火付けです。遊女の火付けの記録をたくさん見ました。それから、夫の罪で流罪にされた女性も少なくありませんでした。

## 綿の道

中央公論社の『日本の近世第五巻・商人の活動』は、林玲子編となっていますが、結局私一人で書きました。そこにも書きましたが、私がはじめ手がけたものは、商品流通のなかでも繊維です。流通経済大学に就職してまもなく、茨城県下館市の中村兵左衛門《ひょうざえもん》家の蔵に所蔵されていた一七世紀以降の史料を見ることを許されたときのこと、店卸《たなおろし》（決算書）や、仕切状（勘定書）がたくさん残されていて、なかでも繰綿《くりわた》の流通経路を示す史料をみつけたときの喜びは、今でも忘れられません。つづいて下館に近い茨城県真壁町の中村作右衛門《さくえもん》家でもたくさんの店卸史料がみつかりました。両家は同じ中村という苗字ですが、別に親類ではありません。それまで庶民の衣類であった布（麻）とちがって、温かく、吸湿性にすぐれた木綿は、とくに寒い地方で必要とされたのに、原料の木綿は寒冷地である東北地方では収穫できなかったんです。繊維と種を分けた繊維部分が繰綿として流通していたものを、畿内、東海などから手に入れて、紡織していました。上方《かみがた》から江戸に、大量に入ってきた繰綿がどこにいくのか、ずっと気になっていたのですが、この疑問が、両中村家の史料で謎が解けたんですね。大和—大坂—江戸—常陸—東北を結ぶ「綿の道」が形成されていくことを、史料をもとに明らかにしたかったのです。この本では、三井越後屋、リサイクル商人、商家の女たち、商人と武士など近世の商人の活動を多方面からとらえがいたつもりです。

私は近世の商品流通史を主にやっていますが、明治、大正期にまで及ぶこともあります。農家女性のかせぎ仕事として、明細帳に記された「木綿かせぎつかまつり候《そうろう》」というのは、限られた地域にあるのでなく、どこの村でもみられます。一、二反を小さな仲買が集めて歩く、仲買の史料はある程度残っているのですが、それを農家の片隅で織っていた女性たちが、何のために農業の合い間に織ったのか、売っても反物の代金を手にすることができたのかとか、それでだれのために何を買ったのだろうかとか、女性の目からみた研究はこれからだと思います。下館の中村家文書では、同家の経営の移り変わりが、昭和のはじめまで知ることができます。繰綿、木綿、醤油と取扱商品の品目や数量が変わっていく様子、明治に入ると洋糸・紡績糸を使って織られた「唐木綿」の買いつけが帳簿にでてきます。下館周辺の農家の女性たちが、海をわたってきた洋糸や日本で開発された紡績糸を使って、縞木綿を織りだすようになったことがうかがえます。それが明治期後半に、埼玉県の行田の足袋《たび》生産の原料となる足袋底木綿に移っていきます。そして大正期には力織機の普及で、零細な農家の機織《はた》りかせぎは、また変化をとげていくことになります。中村家自体は、織物工場となって産業資本に転化しました。昭和に入ると塩の卸売をはじめ、ガソリンも扱いはじめます。じつは、近代の史料はありすぎるほどあって、整理に手間どっています。史料整理から分析に入りたいと思っています。

## 近世の庶民女性

近世女性史研究会では、それぞれテーマを持って研究しているわけですが、私はこの間、女性の雇用労働についての報告をしました。天保一四（一八四三）年の越後国蒲原郡の史料を使いました。男女ともに多くの人が、東国地域にはたらきにきていました。賃金も、女性だけでみるのでなく、男性との比較でみていく必要があります。また、人口の男女比率をみていくことも大切だということで、手元にある文政五（一八二二）年の「諸国人数帳」から女性の全人口に占める比率を出してみたんです。江戸時代は、よく人口調査をやっているんですよ。まだほかにも、使える史料は探せばあると思うんですが、数字の間違いもあって、すっきりしない部分もありますけど、見えてきたこともあります。女性の全人口に占める比率は、平均四七・八％で、男性にくらべて少ないですが、それほど大きな差はありません。江戸時代には、間引くと称して生まれてすぐに子どもを殺すということが行われていたといわれていまして、女と男どちらがその間引きの対象になる率が高かったかという議論もされています。そして女性は人口数が少ないといわれていますので、史料で確かめてみようと思ったのです。この史料は、城下町は入っていないなどの制約があって、村方のみと見てよいと思いますが、それほど大きな差はない。江戸は初期のころはたしかに女性は少ないですが、ほかと変わらなくなってきますしね。江戸での女性の人口はだいぶ少なかったというのは、疑ってみるほうがいいかも知れません。ただ江戸周辺の関東八ヵ国のうち、五ヵ国の女性の数の比率が全国平均以下なので、これをどう見るかということが残されています。

## 研究会の数々と仲間たち

### 日本からアジアへ

私と総合女性史研究会とのかかわりは、現在の東京を中心にした会の発足以前からです。京都の方で女性史総合研究会というのがありまして、一九七七年ごろですか、東京の方へ呼びかけがあって、数人で参加したんです。はじめは女性史総合研究会の東京部会というかたちではじまり、東京で独立した研究会をということで一九八〇年に総合女性史研究会が発足しました。初代代表は永原和子さん、私は二代目の代表を一九九一年から一九九六年五月までつとめました。その間、研究会活動も活発にやり、会誌も充実して会員も増えるという会の発展のなかに身を置くことができたわけです。

総合女性史研究会の発足一〇周年を記念して、一九九二年から翌年にかけて、通史三巻を『日本女性の歴史』というタイトルで角川選書で出すことができました。やさしい、全時代を通して女性史がわかるものをということで、それぞれの巻に「性・愛・家族」「女のはたらき」「文化・思想」というサブタイトルをつけて、通史のための泊り込みの研究会をやって、三〇人くらいのメンバーが協力して作り上げたものです。

一九九六年三月には、総合女性史研究会と中国女性史研究会が共催で、アジア女性史国際シンポジウムを中央大学駿河台記念館で開催いたしました。記念講演と、五つのテーマで六つの分科会が設けられ、八ヵ国の海外研究者を迎えて、熱のこもった報告、議論が行われました。国内外の参加者は二日間で延べ一〇〇〇人近くにのぼりました。数年間の期間をかけて、実行委員会の方々が準備された、努力のたまものですが、「多様性と共通性をさぐる」をメインテーマに掲げたアジア女性史の国際シンポジウムは、アジア諸国の女性史研究の進展のなかで、待ちのぞまれていたから成功したんでしょうね。このシンポジウムの成果は、『アジア女性史——比較史の試み』として、明石書店から一九九七年に出版されました。

それと『日本女性史論集』全一〇巻（吉川弘文館）の刊行も、この間の総合女性史研究会としての大きな仕事でした。女性史のいっそうの発展をもとめて、これまでの諸研究をじっくり学び、再検討するための土台づくりとして、日本史における古代から現代にわたる基礎的な論文を、テーマ別に集大成したものです。入手しにくい雑誌掲載論文を中心に、できるだけ多くの論文を収録するという方針のもとに編集されました。旧役員会のメンバー一二人が編集委員となり、数年間をかけて、テーマの設定や論文の選定を行い、解説をつけて、一九九八年夏までに刊行完結します。

## 関東醤油に着目

私の研究のなかで大きなウエイトを占めているものに、醤油醸造業史研究があります。もとは上方からきていた下り醤油が江戸市場で大部分を占めていたのが、関東各地でつくられるようになり、地廻りと呼ばれた関東、江戸周辺の醤油が追い越していき、そして高級品だった醤油が庶民のものになっていく、ちょうど木綿と同じような道をたどるのです。私が教えていた法政大学やお茶の水女子大学・東京大学の大学院生と調査に歩いているうち、銚子のヤマサとか、田中玄蕃家（ヒゲタ）の古い史料に出会い、それをもとに『醬油醸造業史の研究』（共著、一九九〇年、吉川弘文館刊）を書きました。現在では、醬油なしの日本の生活は考えられませんが、醬油が庶民にまでゆきわたるのは、そんなに古いことではありません。どのようにして醬油醸造が広がり、流通していったのでしょうか。醬油と木綿は庶民の必需品ですから、これを追いかけていくと、当時の庶民のすがたが明らかになっていくと思うんですよ。岩波書店から一九九五年に刊行された『日本通史』第一四巻で、「国産化の条件」という論文を書きましたが、そこでは関東の絹、木綿、それから繰綿、そして醬油をとり上げました。醬油醸造史というのは、わりと新しい研究分野なんですが、それでも最初に史料調査に歩き回ってから二〇年近くたっています。「醬油醸造史研究会」は毎回ほとんど私の家でやっていますが、文部省の科学研究費助成を受けたあとは全国的な組織となり、研究会にも随分遠くから来られる方があります。「社会経済史学会」の全国大会シンポジウムで織物と醬油をやったときは、醬油はこの研究会が受け持ちましてね。私としても大役で、終わったら退院したばかりなのに、近くの病院に再入院ということになってしまいましたけど。

## 史料の公開をめざして

地方自治体史の編纂もまた大変興味のある仕事です。かなり以前から、東京百年史、茨城県史、真岡市史、取手市史と取り組んできましたが、現在も真壁町史、野田市史の編纂委員をしております。真壁は編纂委員長を永くやっております。繰綿の史料に目をみはった真壁町には、いい史料がいっぱいあります。町史の史料集にはそれを全部載せたい、その代り出版は一年に一冊にしましょうという方針で、もう一七年になって、まだつづいています。史料を提供してくださる家の理解が得られても、その自治体の方針が駄目だと真壁のようにはまいりません。せいぜい一〇年くらいで、史料集と通史を出しておしまいでは、研究者が十分に使える史料集は出せません。真壁町史は史料集だけだすという、全国的に見てもほかではみられないやりかたです。通史も、ほかの自治体史のように何でもとり上げた分厚いものではなく、これまで出してきた史料集や編纂専門委員の研究を基礎に、中学・高校生でも読めるような個別テーマを中心にした、写真・図の沢山載っている数百円ぐらいのビジュアルな本を何冊か出したいと考えています。

流通経済大学をやめたあと、江戸東京博物館の研究員となって、週に二、三日通い、石井良助文書を写すということを中心に仕事をしています。石井良助さんというのは、法制史で有名な東京大学の先生で、一万点を超える史料が全部、江戸東京博物館に入ったんです。コピーや写真撮影の認められる史料もありますが、手で書き写して原稿を作るという、手間のかかる作業です。

よい史料をきちんと残して公開していくということは、とても大切なことです。地方自治体史の刊行は、そのいい機会ですが、短期間に、安上がりに、やろうとする傾向が強いです。それに対して個人の力には限界がありますが、納得のいく仕事ができます。二年前に、有限会社〝るぼわ〟を設立して、社長になったのも、そういう思いからです。この会社業務の一端であるるぼわ書房の初仕事として、石井寛治さんと私の編纂で、『白木屋文書　問屋株帳』を出しました。東京大学所蔵の史料ですし、多くの文書のなかから、要望の多い「問屋株帳」を選んで翻刻出版したわけですが、売れ行きが気になるところです。その後、次の史料集出版の準備もすすんでいます。

## 信頼できる仲間たち

私の所属している学会、研究会、団体は三〇以上にもなります。そのうち私の家を会場にして開いている研究会は四つです。さきに紹介した近世女性史、醬油醸造業史研究会のほかの二つは、「九品仏96」という会と古文書を読む会です。古文書を読む会のメンバーというのは、ほかの研究会と重なっている方もいますが、東京大学経済学部のとき一緒になった人とか、高柳さんのような定時制のときの仲間や、定年まではＮＨＫにいた東大駒場時代の仲間など、いわゆる畑違いのひとが多いんですよ。父も六〇歳くらいから古文書の勉強をはじめて、八九歳で亡くなる直前まで、『浅草寺日並記』の史料集の仕事を手伝っていました。「浅草寺日並記研究会」には私も所属していまして、古くからある会です。『浅草寺日記』として全三〇巻の予定で、一九巻がまもなく出ます。

「九品仏96」は私が最後に勤めた江戸東京博物館での仕事だった石井良助文書の筆写史料を対象に、近世・近代の以前からの研究仲間十数人で一九九六年からはじめた会です。

また学生時代からの信州とのつながりを生かした「浅間山ろく93」という年一回の研究会では、第一回を小田原の宇佐美ミサ子さんを報告者に追分の飯盛女《めしもり》をとり上げました。もっとも信州在住者や東京近辺そのほか各地・各種の仲間による研究会ですので、現代のロシアをテーマにしたこともあります。そもそものきっかけが、昭和二九年ごろの浅間での米軍演習地反対運動による結びつきでしたから……。

ほかに、臨時の会もあります。去年、「近世輸送・旅の研究会」というのを私の家でひらきました。今年になってから、「医療・介護の会」というのをやりました。私の母は九四歳ですが、信頼できる身内の人たちに助けてもらって、自宅で介護しています。病院に入院すると寝たきりになってしまいますよと言われてしまいました。研究会のメンバー、三〇〜五〇年来の友人たち、小学校のクラスメートを含むご近所の男女の方たち、助手や会計事務所の方たちと、数多くの仲間に支えられています。私自身は病気のため、歩くのが少し不自由になって、杖がはなせないんですが、仕事はつづけています。

**仲間の支え**

医療・介護問題は切実ですよ。研究会の方たちのなかにも、親や夫の看病・介護をしている方が、最近とくに増えています。私のすぐ下の弟は亡くなり、その下の弟はそんなに遠くないところに住んでいて、古文書を読む会で顔をあわせます。わが家の用心棒は、四十数キロのオールドイングリッシュ・シープドッグのアトラスです。犬の散歩は、いい運動になるのですが、もう私の手には負えません。これも馴れた方にやっていただいています。いつも一階に放してあり、下に降りると私にもほえつく始末です。研究会仲間のなかには「熊が歩いていた」と言う人さえいます。

この九品仏の家のほかに、千葉県の勝浦にセミナーハウスをつくって、みなさんに利用してもらっています。父や母が畑をつくりたいといって探して、最初の家を建てたのは、三〇年前です。教え子が材木屋をやっていまして、地元の棟梁が、釘を使わずに、和材だけで建ててくれ、私の寝室兼書斎もある、セミナーハウス風の家に建て直したのは四年前なんです。時折は海を眺めながらうぐいすの声を楽しんだり、ほかの二軒の家に脚を引きずりながら窓を明けに行くのがやっとで、ゆっくり原稿でも書ければと思っているのですがなかなかなかひまがありません。ただ、どんな大きな声で夜遅くまで議論をしようが、ＣＤをかけようが隣りに気がねする必要がない山の上の家であることでホッとしています。

庶民の家に生まれ、育ち、高校教員時代を除けば男女の差別をほとんど感じないで過ごしてきたことに改めて感慨無量の思いです。

老齢の母を抱え、私自身も病身で年老いていくので、これからはどういうかたちで仲間の方たちのお役に立てるだろうかと考えることの多い毎日です。

（一九九八年一月一七日　小和田美智子・小和田由布子・桜井由幾・堀サチ子聞き取り）

# 「持続する志」で——四八歳で教師から学生への転換

宇佐美ミサ子

軍需景気の家で育つ

## 生い立ち

私は一九三〇（昭和五）年、小田原に生まれました。このころは、非常に不況な時代でしたが、私の家は、すごくよかったんです。というのは、父の出身が、神奈川県伊勢原の善波《ぜんば》というところ（現、伊勢原市）ですが、親族が村長だったので、割合に裕福な農家だったんです。父は、農業専門学校（現、東京農業大学）を中退していたんですが、次男坊なので、農業をせず何か商売をやろうというので、早く結婚して小田原に出てきたんですね。たぶん一九一三（大正二）年くらいのことです。母は、煤《すす》が谷《や》（現、神奈川県愛甲郡）の生まれです。非常に貧しい小作農の娘で、小学校四年しか出ていません。それで父のところに女中奉公に来ていました。働き者だというので、父と結婚したわけです。

父は、小田原で今の宅急便のような運送会社を開業していました。五、六人社員を雇っていたらしいです。

## わが家のこと

父は一九二三（大正一二）年の関東大震災後、会社を拡大してその経営に乗り出し、それが成功して、一九四〇（昭和一五）年ころには、経済的に私の家は最高でした。時代の先取り、軍需輸送です。だから子どものころは、贅沢でした。今でも覚えていますね。家庭教師をつけてもらったり、私の家は西洋式のものはだめでしたから、琴・三味線・踊りの稽古をしました。家にはお手伝いさんが二人と、書生さんがいたんです。私はお手伝いさんのことを「おはつー」「おたけー」と呼び捨てにしていました。「あれ買ってこい」「これ買ってこい」と言って。私、今でも驚くのは、書生さんに「お濠（小田原城）の鯉を釣って来て」と言ったんです。それでお濠の鯉、釣らせたの。父に烈火のごとく叱られて、町役場へ謝りに行って、鯉をお濠へ放した記憶がありますよ。問題児ですね。恥ずかしくて今でも顔が赤くなる。

## 家族の戦争協力

私の家は軍国主義的な家庭でしたね。父は日本の国家体制に迎合して、時代と同時に歩んで行くような人でした。母は、非常にしっかりした人で、良妻賢母の典型。ただ、あまりにも私を溺愛しすぎました。

父は時流に乗って、大陸へ軍需輸送する商売に夢中。母も国防婦人会の地区役員をやっていましたね。母は夫唱婦随でしたね。父は、しっかりした家庭をつくり、国家に尽くすような大人になるためには、「母親は家にいなくてはいかん」というような人でした。私は「鯉、釣って来い」なんて言うわがままな子ども。だから勉強と礼儀作法を徹底的に詰め込まれました。

小学校を卒業し、小田原市立高等女学校（現、神奈川県立小田原城東高等学校）に入ったんです。父も母も、将来私はいいところにお嫁に行って、いい奥さんになって、子どもを産んで、いい家庭をつくり国のために役立つのが理想で、それを望んでいました。良妻賢母がわが家の理想的子育て法です。

一九四一（昭和一六）年、太平洋戦争のはじまった年の五月に、父が五四歳でなくなりました。戦争がはじまってから会社が忙しすぎたんでしょうね。

## 学徒動員と敗戦

戦時中、女学校三年生のとき学徒動員されました。大蔵省印刷局です。ここが軍需工場と間違えられて狙われたんです。機銃掃射で先輩が亡くなっているんです。その先輩が瀕死の重傷を負いながら、私たちを前にして「皆さんがんばってね、日本の国は必ず勝つから。私は皆さんのために死んでゆくから」と息を引きとりました。皆、絶句しました。それでも私は戦争に勝つと信じていた。軍国主義に洗脳されていた。戦後、教育の恐ろしさを痛感しました。

女学校三年生で敗戦。神国日本は負けたのでした。学校に戻ったときにはわずかな人数しか登校しませんでした。国家に裏切られた思いで、非常に悲しく、辛かった。脱力感と虚妄です。何も信じられなかった。学徒動員で先輩は死んでゆくし……。戦中からしばらくは母と二人だったんです。

厭戦家の兄

## 兄のこと

私には姉と兄がいましたが、姉は一九三三（昭和八）年に、私が三歳のときに亡くなっていて全然わからない。長兄も私の生まれる前に死去しました。次兄は、大正末期の生まれです。この兄が大変怜悧《れいり》な人でした。父は兄に幼年学校や、士官学校や、海軍兵学校をすすめましたが、結局父に逆らって、大学の予科に行き、すぐ中退。

厭戦的で、時代に逆行した人。不良というレッテルを貼られていました。母と私は兄に戦争に行くようにすすめました。けしかけたようなものです。そのことが戦後の私の重いものになりました。私の人生の負の部分でしょうか。戦後私が母に、兄の遺品を整理しようと言い机の引出しを開けましたら、大学ノートがいっぱいあったんです。順番にめくっていったら、母と私のことばかり書いてあるんです。「二人のことを残して戦争に行くのは忍びない。だから私はいつまでもためらっているんだ」ということを、何冊にもわたって書いてあるんです。そのノートに、詩が何編かありまして、そのなかに「黒い海」の次に、何か読みとれない文字で□と書いてあるんですね。「黒い海□、私を呼んでいる。私は黒い海□行くんだろう」。そこの□のところの助詞がぬけちゃっているのね。私、「に」とか「は」とかずっと書いてみたんです。それで兄は自分が死ぬということがわかっていたのかなと思うことができました。その後私は、『波紋』という個人誌（ガリ版刷、タブロイド）を出したとき、兄の詩を載せました。これは、戦後の自分を見つめてゆく一つの原点であると同時に、その後の自身の生き方の指標にもなっていると思うのです。

兄は、敗戦から二ヵ月後、腸結核で痩せて骸骨のような姿で家に帰されました。軍服を脱がせたら、シラミだらけでした。兄は一〇月に亡くなっています。家に帰ってきてから死んだので、変な噂がたって「敵前逃亡」みたいなことを言われました。母は、「逃げては来ません」と絶対泣かなかった。お葬式も違和感がありましたね。厄介者が死んだというかんじでした。口にこそ出しませんでしたが、母も私も親戚、皆そう思ったでしょう。兄はすばらしい人だったというのは、ずっとあとになって理解できました。

一七歳で小学校教員になる

## 代用教員として

戦後女学校に戻りましたら、ずいぶん荒廃し、グラウンドが畑になっていました。小田原には疎開者が多く、女学校は、戦争で教師が不足し、大学院生とか、東京大学や早稲田大学に入った人だとか、そういう人たちが臨時に教師としてきていたんですが、これがすばらしい先生たちで、まさに百家争鳴の時代。これで自我に目ざめ人間形成が確立したと思います。

戦後私が最初に読んだ本が三木清の『人生論ノート』(一九四一年、創元選書)でした。これも、先生たちの影響です。

女学校を卒業して、一九四七（昭和二二）年・四八年に専門学校（旧制）を受けたんですが、みな落ちました。何も勉強していないから無理です。それで面倒くさいから、父の運送会社の小田原支店に、事務員として二ヵ月くらい勤めたのかしら。そうしたら、ある日、女学校の担任の先生から「君、学校の先生にならないか」と言われました。私「えーっ！」って驚いたの。だって女学校四年しか出ていないのに先生なんてね。そうしたら担任が「今、学校の先生が足りない。新制への代わり目で足りなくてしょうがないんだ」って言うの。新制中学校ができたから、小学校、女学校の先生が新制中学校に行って、小学校が先生不在になった。でも私、「とてもじゃないけど、勉強できないからやれない」と言ったら、「君みたいなのが最適任だ」と、先生は言うの。そして担任の先生に何の気なしについて行ったんですよ。それから、市内のある小学校の分教場に行ったの。江戸時代の寺小屋風の家……。あれは校舎とはいえない。校長先生が、まだお下げで、一七歳の私に「来てくれる？」なんて言うのです。

## 自由奔放なデモシカ教師

一九四七（昭和二二）年六月一日付で辞令もらっちゃったんです。母に話したら「あなたの好きなようになさい」と言うから、「やります」と言ったの。この年で臨時教員。なにしろ「おかっぱ」はいけないって言うんです。それで「パーマネントかけてこい」と言われ、パーマをかけて、鏡を見たら、チリチリなの。みっともなくて、帽子をかぶっていた。そして給料を見たらびっくりしたの。雀の涙程度。一〇〇円札二、三枚と硬貨がぱらぱら給料袋に入っていた。母は「いいお小遣いになるよ」と言ってすましていた。インフレでこの金額では生活できなかった。三日～五日分の生活費くらい？　小学校へ行ったら、四〇歳くらいのモンペ姿で下駄ばきのおばさんの先生がおられました。――渡辺曾乃という歌人で、人間的で、寛大な先生だった――その先生にはじめてお会いしたら、「宇佐美さん、あなた今ね一七、八で学校の先生になって居座ったら、大変なことになりますよ。いつかあなた辞めて、学校へ戻り、勉強し広く社会をみなさい」と言われて、私、一年でいったん小学校を辞めるつもりでした。

私は高校を出ていないから、大学入学検定試験（大験）を受験したんです。それで、一九四九（昭和二四）年に、横浜国立大学の初等教員養成科に入学しました。これはこの時期、教員養成のため、籍を抜かずに大学で勉強し、免許を取得できる制度で、この科は一年は大学で勉強し、あとの一年は実習という二年制なんです。私もこの制度の恩恵をこうむりました。旧女子師範の延長でしょうか。だから実習のときはお給料を貰っていたのです。一年で教科課程を修了しあとの一年間は実際に教壇にたって教えていました。助教員です。それから、正規に小学校の先生として赴任しました。

小学校の先生のとき、非常に自由放任な教育をやりましたね。みんなアナーキーだったようです。民主主義の教育を模索していたんですね。自分の受けた戦後教育が、自由で楽しく、自分でカリキュラムをつくり、個性的で自主的だったので。このころ、東京女子高等師範学校（現、お茶の水女子大学）を出た人が赴任してきました。そこで、もう一人の日本女子大学卒業の人と三人で、「なんかやろうよ」と言って、子どもたちにいろいろなことをやらせました。カリキュラムなんか自由にしようと言い川に魚釣りに行ったり、野球をやったりね、机の上の勉強なんかしないでね。子どもたちと「流行歌の会」をつくって、藤山一郎の流行歌から淡谷のり子のシャンソン、ロシア民謡など一緒になって歌っていたんです。まさに、これこそ本当の自由？　校長先生に呼ばれて、「何をやっているんだ、大人の唄なんか教えて。子どもの唄を教えろ」と言われました。「いいじゃないですか。今、もう自由なんだからね、何でもやりましょう」なんて反論しましたね。戦争中に全体主義教育を受けた者たちの反動でしょう。かなり過激でしたね。ステージに子どもを並ばせて、労働歌を唄ったこともあった。校長先生から「あまりそんなのやらないほうがいい」なんて言われました。でも子どもたちは、教師と同じように輝いていました。子どもたちどうしの連帯感がありましたね。「一人はみんなのために、みんなはひとりのために」が、教育の基本だったのではないでしょうか。

**ビジョンを求めて**

先生方で、「金のきこり」という人形劇をやり、「帝国主義反対」「社会主義の勝利」なんて言って。校長先生や父兄の顰蹙《ひんしゅく》をかい、校長先生にすごく怒られましたけれど。このころレッド・パージがどんどんすすんで、右傾化してくる。

でも戦後の一時期左翼運動がさかんで、皆、そこから何かを求め未来を志向していた。本当の民主主義を模索していたのだと思う。皆がトータルビジョンを求めて動いていた。変革の時代は来る、そういう思いはだれもが持っていたと思うのです。それから少しあとになりますけれど、「血のメーデー事件」(一九五二年五月一日)があった。デモに参加した人たちを政府は「暴徒」といって、弾圧した。これで戦後の民主主義は終わりかと思った。このころから、急速に社会が変化しはじめた。「逆コース」を辿りつつあったのですね。

井上女性史がバイブルだった

**井上女性史に魅せられて**

戦後、制度的には男女平等になりましたが、実態として女性は差別されていました。それよりどちらかといったら、女性が自由になるのは、労働者階級として日本を変革していくプロセスで解放されるという考え方が先行していた。戦後の解放感に浸って、女性が差別されていた構造がみえてこなかった。井上清の『日本女性史』（一九四九年、三一書房）は、夢中で読みました。すべてが飢餓状態で、不毛の時代に、模索しつつ、何かを摑まなくてはいけない、何かを摑むんだ、自分は何かをやるんだっていう意識が、活字をもとめ、むさぼり読ませたっていう感じです。そのなかの一冊が井上清『日本女性史』だったのかもしれません。あれは一種の飢餓感からでしょうね。

**サークルに参加して**

一九五〇年代は、サークルがさかんでした。私は横浜国立大学在学中や教師時代に「マルクス主義研究会」や「労働問題研究会」「マカレンコを読む会」といったサークルをつくっています。研究会は男女一緒です。井上女性史は「労働問題研究会」のバイブルでしたね。井上女性史の魅力はいま言ったように労働者階級闘争のプロセスで、女性が労働者としてめざめ、どう解放を勝ちとってきたかを、歴史の流れのなかで捉えたことにあったと思われます。つまり「抑圧」と「差別」からの解放のために、女性たちは闘った。封建制からの脱皮です。これが基本的な視点として底流にありました。いわゆる解放史というか、人民（労働者）解放のなかで、女性も解放されるのだろうという理解でした。それから私が感動した本は、『歴史と民族の発見』（石母田正著、一九五二年、東京大学出版会）です。これも、ずいぶん読まれた本です。

小学校の教師になってすぐ、法政大学の二部に入ったんですが、勤務がきついので、通信教育にしました。法学部に入ったんです。当時、通信教育部の入学者は、多様でした。旧海兵・陸士に在籍していた人、旧制高校の中途退学者、旧軍工場を経営していた人、元従軍看護婦だった人、主婦、教員など。みんな輝いていました。勉強する意欲をひしひしと感じましたね。旧体制への反省と否定。新体制へかけるもの……。未来への連帯感がありました。

## 前進座の行き方に共感

教育実習中のころ、前進座の裏方を手伝ったことがあります。一九五〇（昭和二五）年、前進座が共産党に全員入党し、それで地方廻りしていました。小田原の「みゆき座」という芝居小屋で、「ロミオとジュリエット」

を演じ感動し、憧れちゃったわけ。一緒に見に行った友人のFさんと前進座に入ろうということになった。でも結局、環境・才能などから無理なのでやめました。それじゃせめて手伝いしようということになったの。河原崎長十郎や中村翫《かん》右《え》衛門《もん》の楽屋に押しかけて、「私たちにできることがあれば、手伝わせてください」と言ったら、「われわれ、大きな劇場締め出されちゃっているから、カンパを集めるから、それをやってください」って言われ、「みゆき座」の観客席を廻って、「すみません。お願いします」と、カンパを集めたり、お掃除をしたりしました。それから『箱根風雲録』（山本薩夫監督、一九五一年）を前進座が自主製作したとき、それにエキストラで出ました。百姓の娘ほか多数で、五〇人くらいでした。せりふは「川の水がでたぞー」と一言です。ここでもみんないきいきしていました。

## 演劇は人民のもの

前進座は公演が終了するとステージから舞台衣装のまま観客席におりてきて、観客の皆さんと語りあった。一番印象に残っているのは中村翫右衛門の「俊寛」。あのとき、中村翫右衛門から、いつのまにか「俊寛」が、坂東調右衛門に変わっていて、すごい演技だな、なんて、感心したり驚いたり。弾圧の嵐が吹きまくっていたころです。演劇は、俳優と観客が一緒に創るもの、一緒に演じるものという前進座の行き方に魅せられ、私たちは日本の伝統芸術を否定し、新しいリアリズム演劇論をここで学んだ。それから勉強もしないで、一ヵ月に何回か芝居ばかりみていました。

## 闘病の日々

大学を卒業し、一年後の一九五四（昭和二九）年、結核にかかり、即入院しなさいと言われ、平塚の「杏雲堂」に入院したんです。それから一九五七（昭和三二）年に右肺切除の大手術をしました。その後二年間の転地療養をし、五年間、小学校を休職しました。それから小学校に戻り、数年後、中学校の社会科教師になりました。

病気をしているころに同人誌をつくったりしました。その雑誌に載った「みずうみ」という小説が、新聞の同人誌評でとり上げられたので、有頂天になり、小説を書いて、同人誌に投稿していたこともあります。才能ないのに……。

このころ、ロシア語を勉強していて、そこで男性と知り合った。恋心ですね。しかし、思想的にあわず破局。「わが恋は破れたり」です。

結婚の話は、ずいぶんあったんですけれど、お見合いを何回しても、皆断られました。「…らしく」ないからでしょうね。

### 女教師が男教師を支える

教員生活のなかで記録しておかねばならないことは、女性への差別。二、三例を挙げると、「夫が校長先生候補だから、奥さんあなたは、家庭に入ってお辞めなさい。そうすれば、あなたの夫は校長先生になれますよ」と言うのです。それで女の先生は辞めていく。「自分の夫が校長先生になるのなら辞めます」と言い退職する。夫婦共稼ぎの女教師に対して当時「女教師四八歳定年制」と言われたのも、このころですね。それから、主任は必ず男教師、とくに中学校の場合、三年担任に女の人をさせないんです。それで、私、校長先生に言ったことがある。「何で女の人にさせないんだ」と。校長先生曰く、「女の人には力がないから」って。私「冗談じゃない。力があるかないか、生徒指導が上手かどうかって、校長先生何を基準に評価しているのですか」と言いました。

それからこういうこともありました。私が図書館の主任で同僚のS先生（女性）が音楽主任でしたが、新校長として赴任してきた先生から、二人とも主任を下ろされ、係にされた。主任は、大学を出たばかりの男教師。私たち二人は「どういうことか」と抗議しました。

校長先生曰く「共稼ぎ教師は家庭がうまく守れない。女は早く帰宅し、夕食を作って夫を待つことで、夫婦円満になる。家庭がうまくゆけば、夫と妻は教師として立派な仕事ができ、教育効果が上がる。共稼ぎだといって、男女が平等に仕事をすることはない。男教師（夫）を女教師（妻）が支えて、はじめてよい効果が得られる。あなた方は男女同権を曲解している。私の学校運営方針に反対するなら転勤しなさい」。さっそく、翌年の三月に二人は希望を出し、転勤してしまった。これはまだいい方で、妊娠していた女教師は産前産後六週間の休暇がとれなかった。組合の婦人部の闘いで勝ちとっても、現実は権利を行使することができず、出産予定の日まで勤めていた。

## 女性史を志す

### 四八歳で大学へ

教師をしながら、大学で再び勉強しようと思い、母校の文学部史学科（通信教育）に編入した。そして四八歳で教師を辞めました。さらに、大学院にすすんで、大学院は修士三年、ドクターコースに三年在籍していました。大学院を修了したのが、一九八九年だったと思います。この間、高校・大学の非常勤講師をやっていました。研究者になりたいと思っていたんです。でも経済的余裕がないと、研究はできないだろうと思い、自分の所有する土地を生かそうとビルを建てました。不動産収入で生活し、研究に没頭できると考えたのです。

**女性史を学ぶきっかけ**

女性史を学びはじめた直接の契機は、林玲子先生が、法政大学の非常勤に来ていたんです。そのときに私が林先生の講義を聴講していたことです。先生が「宇佐美さん、今度私たち女性史研究会をつくるから入らない」って言われました。そのとき関口裕子さん、服藤早苗さん、西村汎子さん、永原和子さん、米田佐代子さんのお名前が出てきて。そうそうたるメンバーでした。「私、入れさせてもらえるんですか」って言ったことを覚えています。

私、女性史を勉強したかったので。第一の理由は、地域の宿場の史料を見ていて、貧困の女性が売春婦として宿場に売られる。ショックでした。史料を読んでみて、じつに悲惨なのです。それまで私、あまり深い関心がなかった。ところが、宿場の研究をやっていて、女の人を見落としていたことに気がついた。女性解放は労働者の解放のなかで共にという認識があったので。宿場は男優位の社会です。それこそ大名が何人泊まっていたとか、やっていたんじゃだめだと思いました。それで、総合女性史研究会に入りました。

第二の理由は、職場で、女性の差別を実感したからです。もっとも進歩的社会と思われた教員の社会、男性教師の言説・行動、とくに妊娠してお休みする女性の産前・産後六週間、それを獲得するための苦労が空論にすぎなかったこと、当然の権利行使ができない。女性には学年主任にもさせない。ジェンダーの最たるものです。以上が女性史を研究する契機かも知れませんね。

**近世女性史を学ぶ意味**

私が近世史を研究したのは、小田原の宿場について研究しようと考えたからです。つまるところ地域史。地域の民衆がどう生き、歴史の主体者となり得たかの究明でした。それに、宿場の女性の史料から、江戸期の女性の生き方を掘りおこしたかった。とくに、底辺の女性について。「井上女性史」にみる江戸期の女性は、徹底した抑圧の社会に生きた女性ばかりでした。ここを出発点としました。

**地域女性史の掘りおこし**

一九八〇（昭和五五）年に小田原で女性史の研究会をつくりました。これは主婦、会社員、いろいろな職業の方（女性）が会員です。今年で発足二〇年になるので、「昭和の女性の歩み」（仮題）の年表づくりをしています。地域の皆さんと、女性史をこつこつ勉強していると、いろいろ見えてきます。家庭・生活・出産・育児・地域社会とのかかわり……。本当の女性史はここからはじまると思います。そこには、学ぶことの意味が実感できる。

## 総合女性史研究会と私

総合女性史研究会がはじまってまもなく、永原さんが代表のころ、服藤早苗さんが事務局長で、私は編集委員をやりました。キャリアのある服藤さんのあとを引き継いで、事務局長になりましたが、病気のため桜井由幾さんと交代しました。

近世女性史研究会（総合女性史研究会の近世史部会）で林先生や菅野則子さんのお宅を研究会場として研究会をしました。近世女性史を勉強しようと思ったのはこのころでしょう。だから本格的に研究に踏み切ったのは遅いです。なにしろ私、日本の変革、労働者の社会を夢見ていた。でもそれは幻想だったのでしょうか。

## 近世女性史研究会の功績

戦後、女性史は、近・現代を中心に研究がすすみ、そこには、近代以降の女性たちの生き方を通して封建的な抑圧からの解放といかに自立していったかが明らかとなり、その成果にははかり知れないものがあります。しかし、一方で、近世の女性については陥没し、なかなか取り組むことができませんでした。

そこで、発足したのが近世女性史研究会ということになりましょうか。しかし、在野の研究者はすでにそのことに気づき、研究をすすめていました。近世女性史研究会は、アカデミックな研究者（大学所属）と、在野の研究者、地域史研究者たちが総合的に、近世の女性たちの生き方を、見直し、帰納的に実証していくという視点から、新しい近世女性史の研究に取り組んできました。この蓄積は、周知のことで、多くの論考、活動に現出していると思います。

最近の仕事の周辺から

## 最近の近世史研究に苦言

ここ数年、江戸に関する著作や、近世の文化史・生活史などの研究の視野の広がりのなかで、すぐれた歴史研究書が数多く出版されています。私も多少なりとも、先学の著作に触れていますが、「明るすぎる近世」

を感じます。自分の研究と照合し、これらの言説には、若干、抵抗があります。たしかに、井上女性史の「暗黒の近世」の視点では、もはや通用しませんが戦後五〇年余を経て、時代の推移と変化の過程でこの五〇年余の近世史研究の成果は、はかり知れないものがあると思うのです。そして今、再び、私は、この五〇年間に築いた先学の歴史研究の畜積と、その重みを私なりに謙虚にうけとめ、新しい近世史像のあるべき姿を構築していきたいと考えてみているんですが、難しいけれど……。すなわち、光のあたった豊かな近世の掘りおこしの過程で、影とされている部分、換言すれば、社会的に弱者である人たちに目をむけることの必要性を痛感します。

（一九九八年七月二〇日　折井美耶子・加賀山亜希・桜井由幾聞き取り）

# 女性の歴史――ハーストーリーをつくる

米田佐代子

子どものとき、憲法に出会った

## 生い立ち

一九三四年、「昭和ヒトケタ」最後の年に東京で生まれました。父親は奈良県出身の旧逓信省の役人で、エリートでなかったから地方回りの転勤族でした。母は一九〇四（明治三七）年山梨県生まれ。この二人がどこで出会ったかというと、母は実母に早く死に別れ、裕福な商家の養女にもらわれたのだそうですが、「見も知らない男を婿にとって家業を継ぐのはいや」と思いつめて一五歳で家出、上京して自活のため逓信官吏練習所という職業訓練校に入ったら、そこの先生が「彼」だったらしい。それがちょうど大正デモクラシー時代です。伊藤野枝をはじめ『青鞜《せいとう》』の女性たちも地方から家出してきますね。母は無名の庶民ですが、それでも本が好きで吉野作造なども読んでいたというから「時代の子」だったと思っています。

というわけで私は小さいときから全国を転々と渡り歩き、小・中・高校とも入ったところと出たところが全部ちがいます。私に「クニ」意識がないのは実際にも故郷というものを持たないからかもしれません。赤ん坊のときには沖縄にも行きましたし、学校に上がる前は旧「満州国」にも行きました。そのまま中国にいたら残留孤児になっていたかもしれませんね。ところが母はあまりにも日本人が威張っているので居心地悪くなり、夫を置いたままはやばやと子連れで日本に帰ってきてしまったのだそうです。あとで思うとお決まりの女性問題もあったのではないかと思いますがね。その後父も帰国しましたが、日米開戦とともにこんどは日本軍が占領した東南アジアに文民の市政官として派遣され、長い間単身赴任でした。

一九四一年に学校に入るのですが、それがこの年からできた「国民学校」。これは戦後一九四七年の教育基本法施行とともに廃止されるのですが、軍国主義教育の固まりみたいな国民学校にまるまる六年間在学したのは私たちの学年だけです。教育体験としては貴重な「文化遺産」を背負った世代だと自負しているのですが……。

ですからもちろん軍国少女。「死ぬ」という実感もないのに「一億玉砕」を信じていました。でもそういう時代だったからでしょうね、ホントは死ぬのがこわくて、お姫様の自分が首を切られる夢などを見たものです。おとなになってからもずっと「死にたくない」と思っていましたね。今は、少しは悟りを開いたかな……。

というわけで敗戦と知ったときは、子ども心にもショックでした。「大変だ。何かしなくっちゃ」と考えて手製のノートにうやうやしく書いたのが「国体護持」。今でいうと小学校五年生の子がそんなことを思ったのです。でも、一週間ぐらいしたらケロリと忘れてしまったのもほんとうです。いかに国体教育が付け焼き刃だったかということの見本みたい。私たちより上の世代のように「価値観の一八〇度転換」に悩んだりしませんでしたね。八月一五日からあとの学校は、学校新聞つくったり、ミュージカル仕立てのお芝居をやったり、楽しいことがいっぱいあったもの。

**思うことを言うのが権利**

一九四七年、六・三・三制による新制中学最初の一年生になりました。この後、新制高校も新制大学もみな「最初の一年生」というレッテルがついてまわります。「六三制野球ばかりがうまくなり」とからかわれたとおり、私たちは「低学力」のコンプレックスに悩まされましたね。とくに大学に入ったらいきなり上級生に「マルクスも読んでおらんのか」とにらまれて、あわてて『資本制生産に先行する諸形態』を読んだけれど、ちんぷんかんぷんでした。

でも、得難い体験もしたと思っています。戦後一番影響を受けたのは文部省が教材としてつくった『あたらしい憲法のはなし』ですね。本文より絵が面白かった。軍艦や飛行機がぴかぴかの消防自動車などに変わる絵があって、「平和」とは武器を捨てることだと実感しました。そしてもっと感動したのが基本的人権の説明。巻き物みたいな絵があって、そこに基本的人権の説明があるのですが、そのトップに「じぶんの思うことを言い」とありました。これは、私の人生を規定したと思いますね。まあ「思うこと」を言い、ついでに「やりたいこと」もやりつづけたためにずいぶんいろいろな目にもあいましたが、これが日本国憲法が私にくれた最大の「贈り物」、いや「災難」かなあ……。

それに、子どもが何をしても親や教師が咎めなかった。長野で中学三年のとき社会科で模擬国会をやることになり、与党の民主自由党になりたい子は大勢いたのに、当時衆議院で三五人もいた共産党の役をだれも希望しないのね。私は別に共産党支持でもなんでもなかったのですが、みんなのしないことをしたかったから志願して、政府をこてんぱんにやっつけました。あとで先生が「君、ほんとに共産党にかぶれたんじゃないだろうね」と心配したぐらい迫力があったみたい。そのころ父は「レッドパージ」を推進する側にいたのですよ。でもうちでもそんなことはいわなかったし、家族のだれからも叱られたりしませんでした。朝鮮戦争のはじまる年の一九五〇年に新制高校に入りますが、そのときも旧県立女学校は行きたくないと男子校を受け、学年全体で女子は二名だけというところに入りました。新聞種になったけれど、親は何も言いませんでしたね。

**メーデー事件に遭遇**

高校二年の秋に東京へ出てきて、都立戸山高校に転入しました。まだ朝鮮戦争がつづいていて学校の目の前の戸山が原で米軍が実弾射撃演習をしていました。東京の高校生は政治づいていてね、射撃反対運動をするのですよ。全然そんな経験のない私はびっくり仰天、ところが生徒会は「反米」ではなくて「射撃音がうるさくて勉強できない、受験に差し支える」というわけ。なるほど、と思いましたね。

そのうち、受験勉強などしたことのない私も、なにしろ「武器はいらない」のメッセージが刷り込まれていますからすっかり「目が覚めて」平和主義者になりました。まだ占領中で、「朝鮮戦争反対」のビラをまいただけで米軍の軍事裁判にかけられた大学生がいた時代です。そう言われるとむらむらと反発したくなるのですね。今の若者の「むかつく」気分。でも、そこでぶつかったのが一九五二年のメーデー事件だったところが今とちがいます。高校三年でした。

もう時効になったからいいますけど、私たち高校生はあのとき学校をさぼってメーデーを見に行ったのです。先生方も組合でメーデーに行って自習でしょ。私は田舎にいたから東京の何十万人も集まるメーデーって見たことがない。行こうと誘ったのは多分政治的関心のある級友だったと思うけど、私は野次馬でのこのこでかけ、皇居前広場で機動隊に襲われました。あわてて逃げたけど追いかけられてなぐられましてね、頭を怪我したのです。

それは敗戦のときよりもはるかにすごい体験でした。命からがらお堀のところまで逃げてきたら、お堀端に見物人がおおぜいいて、行商らしい荷物を背負ったおばさんなんかもいたのですが、そのひとたちが憤慨してね、「お堀の橋は機動隊が固めていて、出ようとすると片っ端から逮捕してるよ」というのです。はじめから橋をわたらせ、袋の鼠にする作戦だったという人もいました。で、「この子を何とかしてやろうじゃない」とみんなが相談して、まずおばさんがかぶっていたスカーフを私の頭に巻き、そのへんにいた大学生がアベックになって二人で腕を組んで出て行こう、そうすればデモ隊だとは見られないだろうというわけです。私は生まれてはじめて男性と腕を組みました。演劇部に籍を置いていたから一世一代のお芝居のつもりでしたが、でも逃げる途中でぼろ靴がぬげてしまい、はだしだったのですよ。どうにか無事脱出してお茶の水の病院に行き、工事中の大学構内を歩いていたら上から丸太が落ちてきたといって、住所氏名もウソを書き、手当してもらいました。さすがの医者も首をかしげていましたが、何も言いませんでしたね。あとで、正直に申告した人は病院のカルテを押収されて逮捕された例もあると聞きました。

もっと正直なことをいいますとね、じつはまったく見物のつもりだけではなかったのです。講和条約が発効したのがその三日前、アメリカ軍は撤退するどころか、沖縄はもちろん東京の立川や日本海側の石川県内灘、千葉県九十九里浜など、日本中を米軍基地として使用しつづけるというのでしょう。ノンポリの女の子でも、許せなかった。あの時代は野蛮だったかもしれないけれど、高校生といえどもこうした政治的矛盾から離れてはいられなかったのね。

そして「子どもなんだから政治活動禁止」とお説教していたおとなたちが、いざというときには理屈抜きで子どもを守ろうとしたのですね。級友でやはり逃げるときネーム入りの学帽（そういうものをかぶってデモにいった！）を落としてしまい、警察からその生徒の確認を求められたとき、先生たちは「そういう生徒はいない」といって所在を明かさなかったというエピソードもあります。母も、一言も文句を言いませんでしたね。父親にだけは知られないように、家中で隠し通しました。もっとももう病気で寝ていたからそばへ寄らなかっただけですが。

大学で学んだこと

**卒論を書く**

その年の暮れに父が亡くなりました。私は受験勉強を全然していないし、「労働者」になったほうがいいと思って、「就職する」といったら母がにらみましてね、「授業料の安いところを探して行きなさい」というのです。結局、勉強せずに入れて授業料の安い大学を探したら東京都立大学でした（今はそうは行きませんが）。

母がなぜ母子家庭になったのに、下に二人も弟がいる私に進学をすすめたのかは、あとでわかりました。母は自分が「女に学問は要らない」といわれて女学校へもやってもらえず、戦時中何一つほんとうのことが分からなかったことを心から口惜しく思っていたのです。「女が学問しなければ、だまされるばかり」というのを聞いてはっとしたことがあります。

進学して、でも普通の勉強はしませんでしたね。授業をさぼって基地反対運動などに参加していました。都立大は人文学部といって歴史も文学も経済も授業をとることができましたから、経済の「労働問題」のゼミや国文の「樋口一葉日記」の授業などが印象に残っていて、歴史は敬遠していたと思います。そのころの授業は出席をあまり取らないから、レポートのときだけ先生があっと思うような本を読んで議論を吹きかければいいと先輩が教えてくれました。それはけしからぬことですが、当時はそういう勉強の仕方もあったという気がします。今、授業をさぼって目の覚めるようなレポートを書く学生はほとんどいなくなりましたからね。

いよいよ卒業論文を書くことになって、ずっとひっかかっていたことをテーマにしたいと思いました。それは、日本にほんとうに成熟した意味で「労働者」というものが誕生するのはいつか？　ということです。そのころ日本の労働者は農村から一時的に出てきては故郷に帰ってしまうので労働者階級として自立していない、だから労働運動も発展し難いのだとその後進性を教えられ、ほんとうにそうか？　と思ったのがはじまりです。そう考えた理由は二つあって、一つは一九五〇年代の労働運動や学生運動にはいろいろ混乱があり、自分たちもどうしていいかわからない気分になっていたこと、もう一つは「日本の労働者の未熟さは若年女子労働者が多いから」といわれて、こちん、ときたことです。

私はそのころまだ女性史をやろうとは考えていませんでした。一九四八年に出た井上清さんの『日本女性史』（三一書房）が科学的立場から書かれた女性史の古典といわれていた時代です。でもその井上さんでさえ「女工の階級的成長はおそかった」と書き、「軽工業以外の産業（重工業）に働く男子労働者が先頭に立って、男女労働者階級の組織がすすむ」というのです。「出稼ぎ型若年女子労働者」という型を定義した大河内一男さんも「出稼ぎ女子労働者としての工女は、男子に比較してその自覚程度は著しくひくい」と断言していましたからね（大河内一男『黎明期の日本労働運動』一九五二年、岩波新書）。

ですから、私が卒論を書くとき参考にしたのは帯刀貞代《たてわきさだよ》さんたちが書いた『製糸労働者の歴史』（岩波新書）です。これは一九五五年に出ていますが、私が調べようと思った一八八六（明治一九）年の山梨県製糸女工争議を「近代的様相を持った」労働者階級の闘争だと書いてありました。しかしどうして「女工」が「労働者階級」になるのか、そこをもっと突きとめたいと思いましたね。そしてのこの帯刀さんのお家を訪ねたのです。でもまだ女性史ではない、労働者階級形成史だと思っていた。

今でも感動するのは、そのとき帯刀さんが見ず知らずの女子学生に丁寧に応対してくださり、史料をごっそり貸してくださったことです。はじめて史料を使って論文を書こうと決心し、山梨県庁まで史料探しに行きました。当時コピーはおろか写真複写もなく、現物を手書きで写すしかなかった時代です。明治初期は公文書も手書きですからみみずがのたくったような文字がならんでいます。私は古文書も苦手でほとんど読めなかったのですが、読めなかったら史料は使い物になりません。真夏の甲府盆地の、エアコンなんてもちろんない倉庫のなかで、文字どおり汗と涙を流しながらなんとそのときだけ文書が読めました。以来、私の主義は人間せっぱつまればたいていのことはできる、と……。もっとも私の場合はせっぱつまらないとできない、というほうがあたっているかもしれませんが。こうしてやっとできたのが「明治一九年の甲府製糸女工争議について――日本における最初のストライキ」です。

## 就職難で助手に

卒業しても研究者になるつもりはなく、就職試験を片端からうけて落ちました。そのころ大卒女子というのは民間企業ではまず取りませんでしたからね。NHKと朝日新聞社と岩波書店を受けて落ちたというと、なんという高望みと笑われますが、そういうところしか試験も受けさせてくれなかったのですよ。面接で落ちたのもあり、やっと国会図書館職員の補欠になって採用を待っていたら、都立大学の研究室に助手で残らないかという話がきました。もしほかの就職が決まっていたら断わったと思うけれど、とにかく働かなくてはならないと思っていたのでつつしんでお受けしたわけ。結局一年近く待って、一九五九年三月一六日付で、助手ではなく助手補ということで採用されました。

当時の都立大には学部卒の女性を事務助手として雇う習慣があって、私の前任者もそうでした。研究室では、私も事務助手のつもりだった先生も多かったですね。それなのに私はお掃除やお茶汲みならお断りしたいと言い、研究助手という約束をしてもらったのです。ほかに優秀な男性もひしめいているのに後ろめたかったけれど、学生と教員を結ぶ役割を担って欲しいといわれ、納得して就職しました。

卒論は書き直して『歴史評論』(一九五九年五月号)に載せてもらい、いちおう研究論文として認められましたが、なにしろそういう中途半端な就職をしていますから、あとがつづかなかった。おまけに就職一年目に六〇年安保闘争にぶつかり、都立大学は竹内好《よしみ》さんが強行採決抗議の辞表を出したりして大揺れに揺れました。樺美智子さんが死んだ翌日など、全学休講状態で自主討論をしていましたからね。しかし、改定安保条約が成立するとみんな静かになり、研究生活に戻って行ってしまった。私はそれがなんだかむなしくて、学問を何のためにやるのだろうと疑ってしまったわけです。

そんな私が、歴史学と縁を切らずに、というか振り落とされずにやってきたのにはいくつかの契機があります。最初のきっかけは、おかしいようですが一九六三年の「横田基地反対一〇万人集会」でした。そのころ、都立大学にも組合はありましたがそんなところには参加しなかったのね。私は一人で横田まで行って長いデモの列を眺めていました。安保闘争は終わってしまった（と思っていた）けれど、こういうことをする人たちが大勢いるのだ、と実感したのです。自由民権や大正デモクラシーの時代にも同じように人が生きてたたかっている、この実感をつかみたいと思いました。もっとも女性史にはいかなくて、やたらに「平和と生活を守ろう」と組合運動をやっていましたね。横須賀で「原子力潜水艦寄港反対集会」があったときはバスをチャーターして都立大からデモに参加しました。でもそのときの経験は、私の歴史研究におおいに役に立ったと思いますけれど。

もう一つは、私の論文が『歴史評論』に載った縁で、編集委員の末席に連なったことです。今は歴史科学協議会ですが、そのころは民科（民主主義科学者協会）歴史部会の機関誌でした。でも、戦後歴史学の発展に大きな役割を果たした民科も、もう組織の実体はなく、編集委員会がほそぼそと支えていました。安保闘争の後日本にやってきたライシャワー駐日大使が「日本近代化論」を精力的に発表していたのですが、これに対し「日本の近代を美化し、大国主義を容認する歴史観」という批判が『歴史評論』にはさかんに載りました。それを読みながら私も日本の近代とは何だったのだろうと考えましたね。そして、まあ「転機」がやってきたわけです。一九六七年、と限定するのはおかしいのですが、それぐらいはっきり時期区分できると思っています。

女性史を志す

**子どもを産む**

一九六七年というのはね、最初の子どもを産んだ年なんです。結婚は一九五九年で、ずっと子どもはつくらないと思っていたのにできてしまった。私は「産む産まないは自分の意志」と思っていましたから、初志貫徹しようと思えばできたのですが、産みました。いろいろな要素があって理路整然とはしていません。研究に支障があるかどうかなどとは考えませんでした。研究者になることにはほとんど絶望していたからね。

それでも産もうと思ったのは、公式的に言うと七年も助手をやっていると女性差別が見えてくるわけです。ただ、それをはっきり言えなかったのは「自分には能力がない」という思いでした。「女性だから差別しているのではなく、業績をあげていないからだ」と人も言い、自分も思う。それはかなり当たっているわけですよ。女性は「トップ」なら認められ「女性でも公平に評価している」といわれますが、「並み」ではだめなのです。で、屈折した言い方ですが、ならば女性研究者として「並み」の生活をしてみよう、と。いや、子どもを持つことが並みだというのではありませんよ。研究者は子どもなど持たず学問に専念すべきだという、当時の常識に反逆してみたかったのです。母親としてはずいぶん不届きな考えですが、子どもには「産んでよかったと思っているのだからいいでしょ」といってあります。

そのころは「主婦論争」のなごりの時代で、専業主婦は「家事」という私的労働で社会的訓練がなく「ずうずうしくなる」ばかりだとか、女性は子どもを保育所に預け、家事育児を「社会化」して働きつづけるべきだという議論がはやっていました。私も核家族でしたから産休明けから子どもを保育所に預け、さっそうと社会復帰をするつもりでした。「並み」の生活のなかに仕事を辞めるという選択肢ははじめからまったくなかったのです。私にも、そして「つれあい」である彼にも、ね。

しかし現実はそう甘くなかった。まず、産休明けから預かってくれる保育園なんて当時は宝くじみたいなものです。一九六七年は、東京に革新都政が成立した年で、その意味でも「転機」の年なのですが、当時私は横浜に住んでいて「東京に引っ越せば保育所がある」と叫び、東京の友人に「運動もしないで保育所ができるなんてことはないのよ」とたしなめられました。しかたなく横浜市役所と私立保育所をかけまわり、ほとんどねじ込むようにして子どもを預かってもらいましたが、「育児の社会化」なんてとんでもない、毎日の送り迎え、うんちの始末、離乳食、病気になったらどっちが休むか、とけんか腰ですよね。それなのに「ひとりっ子では、今に子どもだけで留守番させるのにかわいそう」と二年後に二人目を産みました。のぞみどおり女の子と男の子とひとりずつです。ちがう性の子どもを育ててみたかったからね。でも、これは大事件でした。女性研究者が子どもを一人持つのもたいへんなのに「二人も」産んでしまったのですからね。子ども一人の先輩に「（社会主義の）モスクワ大学でも女性研究者は子ども一人が限度よ」と言われたのを覚えています。だからソ連の社会主義はだめになったのではないかしら。

## 「近代日本女性史」を書く

子育てしたおかげでいろいろなことがわかりました。子どもができると女性は社会的視野が狭くなるというのはウソで、児童福祉法は勉強しなくてはならないし、役所と交渉しなくてはならないし、労働組合でスケジュール闘争をしているよりもはるかに頭を使わないとやれません。しかも子どもは待ったなし、熱のある子を前に「政府の貧困な保育政策が問題だ」と演説しているひまはないわけですよ。子育てはまさしく「政治的矛盾の焦点」だと思いました。

それで、私は女性史をやろうという気になったのです。ですから私にとって女性史は、自分を含めて「女性解放」のため以外にあるわけがなかったのです。アカデミズムの世界では女性史は学問扱いされず、かなり進歩的な学者からも「労働運動史ならいいが、婦人運動史では学会で認められないよ」と注意されたことがあります。「階級」問題は歴史の根本問題だが「性」の問題は副次的、という根強い認識があったからです。私が卒論を書いたとき「これは女性史ではない、階級史だ」と強調したのも、当時の進歩的歴史学がそうだったからだと思います。今ではあたりまえになっているジェンダーなどということばも知りませんでしたが、それでもおぼろげに階級だけでなく性の問題をとり上げなければならないと感じたのですね。ですから「女性史では評価されない」といわれると「なぜ?」と思い、では「人のしない女性史をやってみよう」となるところがへそ曲がりですが。

ところが、ここでも順序がちがうのですが、いきなり近代日本女性史の通史を書きました。上の子が産まれてしばらくたったころ、今はもうなくなってしまった小さな書評紙の編集者がやってきて、週に一度女性史を連載してくれないかというのです。まだ女性史をやろうと決心したわけでもなく、子どもを保育所に預けて毎日本を読むひまもない私にどうして？　と思いましたが、その編集者（男性）はニコニコしながら「いや、あなたの役に立つと思って」というのです。彼は、その後私に原稿を書かせるために、うちの子の子守りまでしてくれた恩人です。

結局、一年のつもりが休載もなんべんもあって二年かかり、下の子がもうじき産まれるというときにやっと最後の原稿を渡しました。一九七二年に『近代日本女性史』（新日本出版社）という単行本にしましたが、そういうわけであれは参考文献の引用ルールも知らず、図書館に行くひまもなくて書いた、ほんとうに恥ずかしい本なのですが、私が子育てしながら考えたことだけは盛り込んであります。じつはそのためにいささか理屈をこね、そこが進歩的歴史研究者のみなさんから「袋叩き」といっていいほど、批判されることになるのですが。

## 「女性史論争」へ

「女性史論争」というのは、『明治女性史』を書いた村上信彦さんが一九七〇年に、これまでの女性史は（井上女性史が代表するように）

階級史観一点張りで、マルクスやレーニンの片言隻句《へんげんせっく》をとり上げた「観念的女性解放論」におちいっている、女性史は女性解放の手段ではなく、解放運動とは無縁の庶民女性たちの生きた姿をありのまま描き出すことでなくてはならない、と批判したのがきっかけです。

私は、「生活史」としての女性史という考えには共感するのですが、生活のなかにこそ女性解放の契機があると思っていましたから、村上さんが生活というものを解放とかかわりない営みとみるなら反対だ、と思っていました。そこで、「現代の婦人運動と『女性史』の課題」(『経済』一九七一年三月号)という論文を書き、「井上女性史」の「階級的な解放があれば女性も解放されるという命題には女性独自の課題が入っていない」と「異議申し立て」をすると同時に「婦人解放史としての『女性史』について」(『人民の歴史学』一九七一年四月)を書いて井上批判をした村上さんにも反論しました。このとき伊藤康子さんも村上批判を書き、村上さんが『歴史学研究』誌上で再反論、というかたちで論争がすすんだわけです。

このあたりから私は平塚らいてうに関心を持ちはじめます。彼女は一九七一年に亡くなりました。私は生前のらいてうに会ったことはなく、文字どおり「歴史上の人物」だったのですが、まだ「母性保護論争」も「新婦人協会」もそれほど深く研究されていなかったころですね。私は自分に引きつけていましたから、らいてうが「二児の母」になってから猛然と新婦人協会運動をやったところに惹かれました。それともう一つ、らいてうは当時の分類でいうと「小ブルジョア」婦人運動家とされていて、新婦人協会内でも労働者出身の山内みななどと対立があり、階級意識という点では「遅れた」存在であるという見方があったのですね。で、私は「女性史論争」とのかかわりで、女性がいやおうなしに背負っている生活の問題を「政治的争点」とする階級関係を想定し、「プロレタリア」である労働者が「生活擁護」をたたかうことの階級的意義および「プロレタリア」でない女性（らいてうのような）の生活に根ざす民主主義的要求との共通性を強調しようと考えたわけです。やたらに「民主主義」という用語を連発しましたね。それは、子育てをしていてさまざまな理不尽に出会うなかでの実感だったのです。

この発想は村上さんよりも、むしろ「階級的立場」に立つ歴史学者たちから「プロレタリア婦人運動を過小評価し、階級的観点を見失うものである」という批判を浴びました。「民主主義女性史」という言い方に対し「女性独自の問題を取り上げず、民主主義一般に解消する」という批判もありました。口惜しいのでそのころはおおいに権威のあった『レーニン全集』を読みまくり、「レーニンだって一般民主主義の課題を達成しないでプロレタリア民主主義の実現はないといっている」とか、「すべての国民が統治に参加する民主主義とは、女性がそこに加わっていることを必須の条件とすると書いてある」などと反論したのですが、そのために今度は別のほうから「公式的マルクス主義史観」だと批判され、やがてウーマンリブやフェミニズムが出てきてからは、「家族生活の擁護」とか「子どもを育てる権利」などといって女性の「性別役割」を容認する保守主義者だとも言われました。

論争というものはどうしても一面的な主張になりやすいからやむを得ませんし、私も三〇代で若かったから弱点をいっぱい持っていたことは当然ですが、それにしても、生活の実感を論理化しようとすることがいかにたいへんかということを痛感しましたね。四面楚歌といったらおおげさですが、そんな気分でした。でも、女性史の分野で最近そういった論争をほとんどしなくなってしまったのはさびしいと思う。フェミニズムの人たちから「今までの女性史はもう古い」などといわれているのですからおおいに論争すべきです。若い人に期待します。

女性史研究から考えたこと

「女性史論争」でもう一ついわれたことが、「日本の女性史研究は足腰が弱い」ということでした。つまり「解放論」に熱中して個別実証的な史料にもとづく研究が不十分だというのです。

**女性史研究の壁に挑む**

私たちはこの批判をある面で認め、それから脇田晴子さんが文部省の科学研究費による女性史総合研究会を組織したり、その後も東京中心ですが総合女性史研究会ができたりして、多くの成果が生まれたと思っています。ただ一言いわせてもらうと、それでも日本の女性史研究者は研究条件がものすごく悪く、大部分（とくに近現代）は在野で史料収集さえ個人の手弁当、科学研究費の申請もポストを持たないものには不利です。研究指導の場だって大学や大学院で女性史の講座や専任教員を置いているところはほとんどないという実状は無視できないと思う。最近海外の女性史研究者と交流する機会がありますが、日本女性史の研究者でも私たちより史料を豊富に見ているばあいがあって、がっくりします。一九九一年の歴史学研究会大会ではじめて「フェミニズムと歴史学」という部会がもたれたとき、私は女性研究者にもっとポストを含め学会活動の場を保障すべきだと発言したのですが、これには男性からはもちろん、女性たちからも「女性のみ優遇」と異論が出ましたね。でも今はそれを「ポジティブアクション」といい、国立大学協会でさえ大学の女性教員数が少なすぎることを認めたではないですか。私はいつも（実際は遅すぎるのに）社会通念から見ると少し早すぎる発言をするらしい。

## らいてう像の読み替え

それでも女性史研究は成果をあげてきたと思います。とくに優秀な若い研究者が育っていると思う。私も先ほど言いましたように「女性史論争」のなかで平塚らいてうに関心を持ち、彼女の生涯を追いつづけてきました。

私のらいてう研究の視点も少しずつ変わってきていますが、一番関心があったのはらいてうを「思想家」として、それもグローバルな社会構想の持ち主として再評価したいと思ったことと、その根底に子育てや日々の生活の実感があったことを明らかにしたいということでした。それは、女性は感覚的だとか、行動的だが非論理的だとかいわれることに対するアンチテーゼであると同時に、学問の世界に「生活実感」などというものを持ち込むのは「経験主義・主観主義」であるという風潮に異論があったからです。

らいてうについてはいくつか書きましたが、一つは子どもを産んでからの「母性保護論争」を、たんに女性が経済的自立すべきかどうかという論争としてではなく、多分に観念的ではあったけれど人間が生きてゆくうえで理想とすべき社会構想とは何かをめぐる論争だったということ、もう一つは彼女が傾倒した「母性主義」をたんなる性役割論ではなく、女性の権利にかかわる「民主主義思想」としてみるべきであるという考察、そして最近ではらいてうをはじめとする『青鞜』と同時代の人びとが「性としての自己」を主張したことが「性支配」国家としての近代日本の政治原理批判につらなるものであるという見方を提出しています。らいてうについては最近「優生思想」の影響や戦時下の言動を問題にする意見があり、私個人としては一九八〇年代に『平塚らいてう著作集』(全七巻、大月書店)を編集する際、編集委員の一人としてらいてうの戦時下の発言も収録するよう努力した経過もあって、おおいに議論したいと思いますが、それこそ「片言隻句」の言説だけでなく、時代の現実と向き合って生きた彼女の全体像をとらえ直すべきだと思っています。

## 女性史の理論と思想の再構成

女性史をやってきてあらためて今、「階級」概念にこだわっています。まさに卒論以来の「雀百まで」ですね。この点はすでにフェミニズムの潮流のなかで、これまでの歴史は「階級一元論」であったと批判する「性一元論」から「性と階級二元論」へ、などと論じられてきていますが、私はむしろ「性支配」を軸とする政治支配システムを打破する枠組みとして、「性」「民主主義」「人権」「アイデンティティ」などをキーワードとする「新しい階級概念」を再構成すべきではないかと考えています。この点は以前鹿野政直さんが『婦人・女性・おんな』（一九八五年、岩波新書）のなかでちょっぴり提起していますが、私はいわゆるソ連型社会主義が崩壊したことのジェンダー的意味を、たんに「社会主義では女性は解放されない」というだけでなく、「階級」と「ジェンダー」の問題として総括する必要があると思っています。

さらに今、ジェンダーの問題でいうと「ナショナリズム」との関係が大きな問題になっています。これは戦争と性暴力の問題ともかかわり、日本では「従軍慰安婦問題」との関連もあって女性史としては避けて通れないテーマですね。私も一九九五年モントリオール国際歴史学会のとき、国際女性史研究者連盟のセッションでこの点にかかわる報告を出しました（"Sexual and Racial Discrimination：A Historical Inquiry into the Japanese Military's 'Comfort' Women System of Enforced Prostitution"）。最近では「女性のナショナリズムへの統合＝戦争責任」論への関心が高く、そこから平塚らいてう批判も出てきていますが、私の感想としてはらいてうについてだけでなく、全体にこの議論はまだ深まっていない、という気がします。戦時下を生きた女性の言説を引き出す作業にとどまることなく、支配され差別される存在であった女性が侵略戦争に従い、戦争協力するにいたる政治的構造を明らかにしなければならないのではないでしょうか。

それともう一つ大事なのは、女性自身がその「責任」をどう償って行くのか、という一人ひとりの「アイデンティティ」の問題ですね。これは侵略戦争をした歴史を持つ日本の女性史研究者にとっては「終りのない旅」かもしれない。というのは、それは戦時中生きていた人の問題ではなく（大半はもう生きていません）、「性」として今を生きる私たちがどうその責任を引き継いで行くかという問題だと思うからです。その意味で女性史とはきわめて思想的な営みを内包する仕事だと思うのですが。

**山梨で働いた一〇年間**

二五年間助手をして、その間に国際婦人年もあり、女性研究者運動もしましたが、一九八四年に都立大学を辞めました。それから六年間失業して、一九九〇年山梨県立女子短期大学の一般教育の教員として赴任、二〇〇〇年三月に定年を迎えたところです。

この一〇年間、短大では女性史を教える余裕はほとんどありませんでした。「沖縄で戦争があったなんて知らなかった」という学生もいて、悪戦苦闘しながら彼女たちと沖縄、松代大本営、広島、韓国（ナヌムの家）、アウシュビッツなどへ自前で「戦争と平和・記憶の旅」を重ねました。若い女性が歴史の現場に立つとみるみる変わってくるのです。それ自体生きた女性史をみる思いでしたね。いっしょに歩いてくれた学生に感謝しています。
女性史学習はあまりできなかったけれど、「女性学入門」という授業を新設して女性史も組み込んだ授業をやりました。県立ですから、県の女性政策にも協力し、一九九五年の北京女性会議のときは、毎年県が派遣する「女性海外セミナー」を今年はぜひここへ、と運動して団長を務め、NGOフォーラムに参加しました。短大の生涯学習に参加した地域の女性たちが、戦前と変わらないような地域のしがらみのなかで（私はそれを「地域ジェンダー」と名づけたのですが）やはり「目からうろこが落ちた」と、自己変革して行くのです。これもいい経験でしたね。思い入れが過ぎて東京での研究会や学会にはほとんど出られませんでした。国会図書館に行く時間もないから、手持ちの史料だけで大学の紀要にひたすらいてう論を書きました。

これからの女性史に期待すること

**「主体形成」の女性史を**

現実と格闘しながら女性史をやってきて、結局私がはじめから問いつづけ、またたどり着いたのは「変革主体」と「統治主体」としての女性像をどう構築するか、ということでした。

その意味づけは、女性史をはじめた当時と今とでは少し違ってきたと思います。私が女性史を研究しはじめたころは階級や民族の問題が歴史の主要な命題で、女性独自の問題やセクシュアリティの問題は「副次的」または「小ブルジョア的」とみられていました。私もそこから出発したからそういう見方に規定されていたと思う。でも、おかしいと思ったから女性史をやったのです。そのとき「主体」とはすなわち「政治的主体」を意味していたと思います。はじめのほうで革新都政の成立が一つの転機だったといったでしょう？あれは、これまで生活や福祉にかかわりのない高速道路や高層ビルに金をつぎ込むのが政治だと思われていたところへ、まさに「女・子ども」そして「高齢者」等々の論理を持ち込むという意味で転機だったわけです。公害問題や教科書裁判などいわゆる市民運動がおこってきたとき、その多くは主婦を含む女性たちでした。労働組合などの闘争だけでなく政治を動かす運動が可能になった、そこに女性が積極的に参加することの意義を「主体」という言い方でとらえたかったわけです。これも「階級闘争の意義を低く見る」といわれ、「労働組合こそ搾取＝賃金問題だけでなく、公害や教育や保育の問題をとり上げるべき」と反論したことを覚えています。今は、女性労働者が激増した時代にあって、労働組合が真にジェンダーの問題をたたかえるか？　という点にも関心がありますが。

「意志決定機関への女性の責任ある参加」というテーマは、一九七九年に国連で女子差別撤廃条約が採択されたことで、実態としてはまだまだですが原則としては承認されることになりました。しかしその後の国際的な流れをみると、「主体」という概念はより根本的な「個」としての権利の確立＝「女性の人権」を指すようになってきたと思います。「リプロダクティブライツ」や「セクシュアルライツ」もそうですし、ニューヨークの二〇〇〇年会議で大きく取り上げられた「性暴力」もそうです。「アイデンティティ」ということばが、歴史研究でも注目されるようになりました。ここでは「変革主体」とは、女性の自己確立を抜きには考えられないといえるでしょう。私は、その意味を含めて使いたい。

しかし、「個」の確立がバラバラな個人を生み出すということではないわけです。だから同時に「統治主体」ということが大事だと思う。これは「協同」と言いかえてもいいと思うのですが、いわば「人の運命を自分のこととして引き受ける」ことですね。自分を「かけがえのない」存在として認識することと「他者理解」、この両方をひっくるめて「人権」といっていいのではないでしょうか。女性がこのような意味で人権主体になる道をさぐり、未来の希望を語りうる女性史をつくって行きたいと思っています。

## 「ハストリー　クリエイツ」を掲げて

定年になって困るのは「肩書」がなくなることだと聞かされました。女性ははじめから肩書のない生き方をしている人が多いから困らないのですが、「無職」「高齢」でかつ「思うことを言う」「女性」というのはまったく社会的に受け入れられないのが不満でね、これは明らかにジェンダーによる「エイジズム」だと思うから自分でかってに名刺をつくりまして「ハストリー　クリエイツ代表」と名乗りました。これまでの歴史＝ヒストリーが「ヒズストーリー」だったとすれば、「ハーストーリー」としてのハストリーをつくろう、というほどの思いです。女性史研究だけでなく「おんなが・れきしを・つくる・しごと」すべてにかかわっていきたいと思っています。「もう女性史の時代は終わった」とか「女性だけをとり上げるのは女性史のゲットー化だ」という批判がありますが、そう言えるほど日本の女性はまだ自己のアイデンティティを社会的に認知させていないと思うから、ジェンダーを問題にする視点に立てば立つほど、「ハストリー」再構築の必要性が見えてくると思っているところです。ですからじつはまだここで「回顧談」をする気分ではないのですが……。

（二〇〇〇年四月二二日　近現代女性史研究会例会報告）

# あとがき

「聞いてくれて、ありがとう」、話者のおひとりにこう言われたとき、この企画は成功したと思いました。

聞き書きをまとめて本にしようと思ったのは、中嶌邦さんが女性史をはじめた問題意識をお話しされた折、一九九七年九月の近現代女性史研究会でのことです。

中嶌邦さんのお話は、良妻賢母主義の家庭で育った生い立ちから、戦後の新しい教育を経験して研究者となり、女性差別に抗しながら女性史を志したご自身の歴史的体験でした。本人から直接に発せられる「声」は、女性史の研究論文や著書の原点にある生の「痛覚」や息づかいを感じさせ、参加していた会員の心を打ちました。女性に対する差別のいまだ強い時代に、女性史を志した方たちの聞き取りをしようということがその場できました。

近現代女性史研究会は二〇名程度の小さな会ですが、多くが総合女性史研究会の会員でもあるところから、この企画を総合女性史研究会の創立二〇周年記念事業の一つに提案し、その後、役員の一部が加わって、手分けをして聞き取りをはじめました。何人かでお宅までお邪魔したり、研究会の例会の場で話していただいたりし、それをメンバーがまとめて、さらにご本人に加筆修正していただいたものが本書です。

そもそも、書くことを専門としている方たちにあえて聞き取りをさせていただいたのは、女性史に込めた思いのたけを語っていただきたかったからです。書くことでは自己抑制的な方も「ここではじめて話すんだけど」と、胸に秘めた思いを年下の聞き手に話してくれました。聞くことによって、それぞれの方の女性史にかけた情熱や研究の内容をより深く理解できました。「聞かせてくださって、ありがとうございました」。伝わってくる「声」にどんなに励まされたかしれません。

各人の標題は、その人の研究上の特徴がでるように編集委員会でつけ、最初から読むと戦後の女性史研究の大きな流れがわかるように構成しました。戦後の社会を真摯に生きた女性たちの個人史として読まれても興味深いものです。七人の女性たちの「声」が、これから女性史を学ぼうと思う人、すでに学んでいる人、女性にも男性にも、ひとりでも多くの方に届くように願ってやみません。

おわりに、本書の企画をお引き受け下さり、種々お世話いただいた吉川弘文館編集第一部の方々に感謝の意を表します。

二〇〇一年一月

『女性史と出会う』編集委員会

石崎昇子

河原彩

児島恭子

桜井由幾

辻まゆみ

## 執筆者紹介（掲載順）


永原和子（ながはら　かずこ）　一九二六年生まれ　日本女子大学名誉教授

中嶌　邦（なかじま　くに）　一九二九年生まれ　日本女子大学名誉教授

西村汎子（にしむら　ひろこ）　一九二八年生まれ　白梅学園短期大学名誉教授

伊藤康子（いとう　やすこ）　一九三四年生まれ　中京女子大学短期大学部教授

林　玲子（はやし　れいこ）　一九三〇年生まれ　流通経済大学名誉教授

宇佐美ミサ子（うさみ　みさこ）　一九三〇年生まれ　小田原女子短期大学非常勤講師

米田佐代子（よねだ　さよこ）　一九三四年生まれ　ハストリー クリエイツ代表

歴史文化ライブラリー
116

# 女性史と出会う

二〇〇一年(平成十三)四月一日　第一刷発行

編　者　総合女性史研究会《そうごうじょせいしけんきゅうかい》

発行者　林　英男

発行所　株式会社　吉川弘文館
東京都文京区本郷七丁目二番八号
郵便番号一一三―〇〇三三
電話〇三―三八一三―九一五一〈代表〉
振替口座〇〇一〇〇―五―二四四

印刷＝平文社　製本＝ナショナル製本
装幀＝山崎　登

歴史文化ライブラリー

1996.10

## 刊行のことば

現今の日本および国際社会は、さまざまな面で大変動の時代を迎えておりますが、近づきつつある二十一世紀は人類史の到達点として、物質的な繁栄のみならず文化や自然・社会環境を謳歌できる平和な社会でなければなりません。しかしながら高度成長・技術革新にともなう急激な変貌は「自己本位な刹那主義」の風潮を生みだし、先人が築いてきた歴史や文化に学ぶ余裕もなく、いまだ明るい人類の将来が展望できていないようにも見えます。このような状況を踏まえ、よりよい二十一世紀社会を築くために、人類誕生から現在に至る「人類の遺産・教訓」としてのあらゆる分野の歴史と文化を「歴史文化ライブラリー」として刊行することといたしました。

小社は、安政四年(一八五七)の創業以来、一貫して歴史学を中心とした専門出版社として書籍を刊行しつづけてまいりました。その経験を生かし、学問成果にもとづいた本叢書を刊行し社会的要請に応えて行きたいと考えております。

現代は、マスメディアが発達した高度情報化社会といわれますが、私どもはあくまでも活字を主体とした出版こそ、ものの本質を考える基礎と信じ、本叢書をとおして社会に訴えてまいりたいと思います。これから生まれでる一冊一冊が、それぞれの読者を知的冒険の旅へと誘い、希望に満ちた人類の未来を構築する糧となれば幸いです。

吉川弘文館

〈オンデマンド版〉
# 女性史と出会う

On Demand

歴史文化ライブラリー
116

2017年（平成29）10月1日　発行

編　者　総合《そうごう》女性《じょせい》史《し》研究会《けんきゅうかい》
発行者　吉　川　道　郎
発行所　株式会社　吉川弘文館
〒113-0033　東京都文京区本郷7丁目2番8号
TEL　03-3813-9151〈代表〉
URL　http://www.yoshikawa-k.co.jp/

印刷・製本　大日本印刷株式会社
装　幀　清水良洋・宮崎萌美



ISBN978-4-642-75516-0